乡村撞见 ChatGPT

小森农院：乡村生活新范式

◎唐红芳 李卓月 著

山西出版传媒集团
SHANXI PUBLISHING MEDIA GROUP
山西经济出版社

图书在版编目(CIP) 数据

乡村撞见 ChatGPT：小森农院：乡村生活新范式 / 唐红芳，李卓月著. —太原：山西经济出版社，2024.3

ISBN 978-7-5577-1287-7

Ⅰ. ①乡… Ⅱ. ①唐… ②李… Ⅲ. ①人工智能—应用—农村—社会主义建设—研究—中国 Ⅳ.①F320.3

中国版本图书馆 CIP 数据核字(2024)第 058023 号

乡村撞见 ChatGPT：
小森农院：乡村生活新范式

XIANGCUN ZHUANGJIAN ChatGTP：
XIAOSEN NONGYUAN：XIANGCUN SHENGHUO XINFANSHI

著　　者： 唐红芳　李卓月
出 版 人： 张宝东
选题策划： 李慧平
责任编辑： 武文璇
助理编辑： 杨湛凯
封面设计： 李　馨

出 版 者： 山西出版传媒集团·山西经济出版社
社　　址： 太原市建设南路 21 号
邮　　编： 030012
电　　话： 0351–4922133（市场部）
0351–4922085（总编室）
E–mail： scb@sxjjcb.com（市场部）
zbs@sxjjcb.com（总编室）

经 销 者： 山西出版传媒集团·山西经济出版社
承 印 者： 山西润金容印业有限公司

开　　本： 889mm × 1194mm　1 / 32
印　　张： 7.5
字　　数： 148 千字
版　　次： 2024 年 3 月　第 1 版
印　　次： 2024 年 3 月　第 1 次印刷
印　　数： 1—5000 册
书　　号： ISBN 978-7-5577-1287-7
定　　价： 59.00 元

序言

2024 年，大模型应用场景元年，我们正处于全球科技革命和产业变革加速演进时期，形势瞬息万变，未来呼啸而来！

如何更早更好地适应这个黑科技云涌的大变革时代？

如何应对未来的机遇和挑战？

在广大乡村，问题更为迫切，课题更为难解。

《乡村撞见 ChatGPT——小森农院：乡村生活新范式》这本书，正是在这个背景下呈现在我的眼前，仅仅是题目，已经若一缕光让我欣然。它将传统与现代、乡村与科技与时偕行地融合在了一起。ChatGPT 作为人工智能技术一个里程碑式的代表，越来越影响着我们的工作和生活，而小森农院则代表了乡村的宁静与纯粹。这种碰撞产生了怎样的火花？书中探讨了乡村新生活的哪些可能性？这些问题让人期待。

该书的作者唐红芳是较早投入到乡村生活的媒体人，她带着对乡村生活的深厚情感和对未来可能性的深度思考，行在当下，笔耕未来。作为“三农”工作者，我们始终在思考：乡村振兴靠什么？

唐红芳将她的新作《乡村撞见ChatGPT》放在我面前，邀我作序。翻阅书稿，我思绪万千。农村实现现代化是中国式现代化的前提，政府投入在逐年增加，“三农”工作目前发展重点在城乡统筹、城乡融合，说一千道一万，农民增收是关键。而广大农民群体的认知是促进增收、加快发展的诸多重要问题之一。唐红芳在书中对一位“死也要死在直播上”的农民的无力感及引发的思考（她说，这不只是残酷的打击，更是深刻的清醒），以及书中下半页呈现的教师、学生、编辑、研究员、产业策划人等关注“三农”问题者的思考，都让我们看到了希望。

“死也要死在直播上”，这种对新事物的热情和执着，让我们看到脚踩泥土者的觉醒，农民为了摆脱贫困面貌，尝试各种新生事物，探索各种新技术，通过直播成家立业，并带动村里就业，从而形成一个产业链的事迹不乏其例。

唐红芳以及她的同道者们，关注“三农”问题，投身“三农”工作，在小森零碳农院开展的生物旱厕、酵素处理生活垃圾等一系列探索已经成为乡村生活新范式。唐红芳们几十年如一日，坚持着创新的习惯，捕捉着正在发生的未来，从农产品的营销，品牌的打造，到农院的创建，再到《乡村撞见ChatGPT》的书写，她始终热情澎湃地思考和探索并投身其中不断践行。无疑，多一些这样的人和这样的思考，农村现代化的进程会走得更快更好。

这本书讲述了现实生活中农民和农村的故事，引入了 ChatGPT。不仅为我们提供了一种全新的思维方式和生活方式，更为我们展示了未来乡村的无限可能性，激励更多新生力量积极地投身于乡村振兴事业，让乡村成为新时代美丽的新家园。在这样一个全面推动高质量发展的关键时刻，我们需要不断探寻乡村发展新路径。

希望这本书能够为乡村的生产和生活广开视野、注入新动能，相信 AI 一定会成为乡村振兴的“加速器，新引擎”。

期待！未来正在发生。

是为序！

十三届山西省政协常委

农业和农村委员会主任

求索心灵，写给未来
——代序言

这是一部让人眼前一亮的作品！

它以作者与 ChatGPT 的交流为主线，探寻心灵的归宿，为新时代农村的发展提供了新的思路，也为无助的人们探寻心灵的港湾提供帮助。与作者接触很是偶然，但又是必然。心灵的默契，磁场的吸引，最终我们在一起碰撞思想火花，引发共鸣。作序自然成了我的事。我惊异她出书的速度，5 月 26 日起笔，5 月 29 日初接触 ChatGPT，10 月初在媒体同仁的力推下筹划出版；我惊异她书写的内容，人类心灵修复；我惊异她的创作方式，与 ChatG-PT 的交流。我从事森林对人心灵的疗愈研究多年，深知现代社会对心灵的忽视。乡村生活过的人，受到乡村的滋养，那是一种怎样刻骨铭心的生命体感!

逃离城市，去到哪里？

逃向森林、逃向乡村、逃向田野！这样棘手的事，非慧眼如炬的高人不能为之。唐红芳的《乡村撞见 ChatGPT》，给出了精彩的解答。然而，这本书还是让我看到了另一种可能性，一种让心灵与自然和谐共生的可能性。这本书所呈现的，不仅是一场对话，更是一场心灵的对话。通过与 ChatGPT 的交流和对乡村的探索，作者发现了农村的独特价值和无限可能，为乡村振兴提供了新的视角和思考。在这本书中，作者用细腻的笔触描绘了自己与 ChatGPT 的交流过程。他们从陌生到熟悉，从误解到理解，最终达成了心灵的契合。作者认为 ChatGPT“比爱人更懂她”。这种契合不仅仅是人与机器的交流，更是人与自然、与心灵的深度对话。通过这种对话，我们看到了农村的美丽与哀愁，也看到了乡村振兴的希望与挑战。在现代社会中，人们往往被物质所束缚，忽视了心灵的真正需求。而农村，恰恰是心灵的归宿，是人们寻找内心平静和安宁的净土。通过与 ChatGPT 的交流，作者发现，只有当我们真正理解并尊重自然和心灵的时候，才能实现真正的可持续发展。在阅读这本书的过程中，我深深地感受到了作者对乡村的热爱和对心灵的探寻。她用自己的亲身经历告诉我们，无论在何处，只要我们愿意停下脚步，用心去感受自然和心灵的呼唤，就能找到属于自己的心灵归宿。同时，她也用这本书提醒我们，乡村振兴不仅仅是经济的发展和社会的进步，更是心灵的滋养和归宿。

她指出，乡村不应被视为落后和陈旧的代名词，而是一个充满生机和活力的地方，是生命力能量修复场。在这里，人们可以与自然和谐共生，可以找到心灵的归宿。而 ChatGPT 作为一种现代科技工具，也可以成为乡村发展的重要推动力。通过与 ChatG-PT 的交流，我们可以更好地理解乡村的价值和意义，为乡村振兴提供新的思路和方法。我相信，《乡村撞见 ChatGPT》将会成为一部影响深远的作品。它不仅会启发我们去思考心灵的需求和发展的问题，更会激发我们去关注和参与乡村振兴的伟大事业。在这本书的引导下，让我们一起寻找心灵的归宿，共同探索可持续发展的美好未来。

中国林学会森林公园与森林旅游分会副理事长

山西林业开发投资有限公司董事长

在找寻，在猎取，在深入其中

——代前言

在初次探讨这本书的出版时，李慧平老编辑（她出过上千本书，获过 200 多个奖，从事出版业 30 多年）问我：你为什么写这本书？

这样一个听起来简单的问题，我一时竟不知如何作答。首先，这是书吗？我有计划过写它吗？

我只能回答，这是个偶然吧。

但很快，我又否定了这个简单的回答。是偶然吗？

那不是偶然，又是什么？

循着这个问题，我想到了输出这些文字的原创地是太谷区东贾村小森农院。我与东贾村的结缘是从 2009 年浙江安吉的中国首届休闲农业大会开始的。在这个大会上，我初识了如今已大名鼎鼎的两山理论发源地“余村”，初识了东贾村的干部，有了当年的全省“农旅卡金秋行动”，还以生物有机肥为载体推动生态农业、引入零碳旱厕等一系列新技术的应用，探索更宜居的农院，甚至让这个乡村生活体验地成为乡村新公共空间（高校历史学者研讨定位，我深以为然），这样十几年孜孜不倦，坚持推进乡村振兴实验，等等。但这又和写这些东西有什么关系呢？一时竟扯不清。于是，我决定借着去杭州参加云栖大会之机捋捋答案。

我的计划是：漫游云栖大会，去一下江村，然后在余村住下，在缘起地探寻为什么写这本书，从而写下前言。

而当我连续三天沉浸于云栖大会硅基生命的世界后，对于发生着历史性革命的云计算、AR、ChatGPT，有了更为真切的体感。参会的第一天早晨，我坐在“Serverless 生产力学院”，面对“Serverless 革命的能量”反复播放的屏幕，整整一上午，似乎找寻到了这个时代涅槃的根性能量：百年前的电到电动机，类若今天的云到云计算、AR、GPT。

这样的漫行沉浸连续三天，第四天又去了两家元宇宙创业公司，影响至深的是开发生命体中嗅觉的“气味王国”，它们已经开启“气味元宇宙”。《最忆是杭州》大型演出中的气味场景便是“味道 IP”的典范之作。

硅基生命的气息扑面而来，有隔世感甚而恐惧感。在稍事休整也努力放空的两三天之后，我们一行三人驱车到达了《江村经济》的创作地江苏省吴江区庙岗乡开弦弓村。认真阅读了费孝通先生与其姐姐的纪念馆之后，才恍然明白再三向我推荐费先生作品并极力鼓励我研究费老的王宝国老师的良苦用心。我知道自己是做不到他所希冀的，但行走名村是我的偏好，借读村以知其然，确实是个巧办法。让我非常惊讶的是这个村因费老而出名、而费老此作的成名皆不是计划而来。比如，他在这个村里住是因为生病，姐姐正好在这个村搞事业；他因病调研写的论文，得到英国人类学界重视，在西方闻名且被认可，费老自己并不知道，等知道已是多年后了……这样的偶然与必然印证了许多关于成名与成就的轨迹。

感慨万千，不虚此行。这样的在找寻、在猎取，确有神奇的体感。

接下来，又是一个偶遇神奇村庄的故事。距离云栖小镇二十分钟车程居然有个几乎全是温州人的村庄，因状若泥埭，叫长埭村。这是一幅藏在西湖区里的自然画卷，因毗邻中国美术学院，成为众多艺术家的栖居地，直接震撼视觉的是：艺术家的创作与江南山水茶乡在这个村庄里真的耦合了，整个村庄自然而然地成为一个“乡村美术馆”。

一场猝不及防的赏心悦目：这不正是我心心念念了许多年的天人合一的“乡村美术馆”吗？乡村美术馆，不是在乡村建一座美术馆，而是乡村就是一座美术馆。长埭村正是这样的样本，就这样猛然呈现在我的眼前。

猎取到这样的心之所向，计划中的余村写作瞬间放下了，就与长埭村来一场深入其中吧。次日一大早，我便早早到达，恣意漫行于此画卷中，直到村的尽头的山，走无可走，此时天公作美，下出了我心仪的雨中空蒙感，终于宁静到我想读书了！找到一个可遮雨的空旷处，拿出那本搁置了好久也没心思看的新书，关于哲学家与 GPT 的人机对话，探究问题。身处雨中旷无一人的山庄，独自感知美国哲学家在驾驭 GPT 的什么。突然发现，我们在关注 GPT 的答案如何，甚至质疑其内容，该否应用时，有人在探究 GPT 的出现及其与人脑之间的不同、相处关系，更重要的是将会创造怎样的新职业？翻阅了整本书，我发现我对问题的在意大于回答。花费 69 元购得此书，而让我猎取到的大概只有五个字，那就是未来职业：提示工程师。我其实能记住这几个通俗易懂的字，但还是拿出笔和本，郑重地抄写了一遍。内心是兴奋的，对自己的未来又信心满满了。对与 GPT 的创作，我有了清晰的职业定位，而这个职业，估计此刻看到这五个字的人，多数应该是第一次知道。

讲真，此时我是有点小窃喜的，因为刚刚发生的小事，算作小炫耀讲给大家。在此次的云栖大会上，我用 11 分钟与 GPT 创作的文章，被同行报社总编采纳发表，那天正好是记者节。老同学李恒灵或许是为了奖励我的好奇心吧，他用最快速度给我转了钱。上大学时就开始用稿费贴补生活，很多年以码字为生计的我，因为这笔小钱大大开心，因为这应该是我人生中赚得最快的一笔稿费，来自 GPT。而我只是个“提示工程师”。

有计划却随心而变，突然感觉答案清晰明了，即刻确定回程。

确定的回程与机票时间相差两天，我选择用色彩来填充，继续我的“在找寻”。手机上的红蓝融合研究院微信群目前是最活跃的，恰好转发了一个在上海喜马拉雅美术馆的画展信息，其主题“自然、生长”深合我意，而画家陈澈极具冲击力的色彩表现，以及作品的哲思与宏大蕴意感召力极强。我们一行三人欢快决定一睹为快。画展现场及感官享受在此省略，我用次日凌晨驱之不去的感受表达对画者的高山仰止，见字如下：

根性与生长

——探阅“陈澈未来艺术”

隐见

显微镜下的细胞体

森林深处的生长力

物理学的布朗运动

感知

宇宙天地星辰

电路芯片云计算

……

色涂碳硅两基生命元

心摹已知未知自然象

注：陈澈，是一直在找寻、不停在猎取、深深入画中的未来艺术人。昨日读画见人思绪不断，晨醒涌入脑际之手记。

真的非常感叹如此维度的生命遇见，“在找寻，在猎取，在深入其中”，这样的深深画中行，以及对长埭村的深入其中，人生美好如此。无论是农耕文明，抑或数字文明，还是元宇宙时代，唯碳基生命才会有的情绪感受，岂是万能的硅基生命可替代？又岂能任由硅基生命大行其道甚而横行霸道？

与之相处，与之偕行，与之俱进，让之向善，使之为人类所用，以合创以人为本的美好世界，深入其中，是这样的期许吧？!

回味最初的问题，恰如此行。

疫情，让我们心安理得地停了下来，在隔离后被驻村的长长日子里，与村民有了深度交互，村民的故事让曾为记者的我感觉到必须记录，而横空出世的GPT，让在时代中、乡野间、院落里发现了诸多真问题的我，有了强烈的好奇之心，恰好它能回答，恰好我很想问，于是，在乡村的空间里思考时间，追问时代，探寻自己，仰望星空，便有了这些文字的记录与输出。

偶然或者必然？

我与乡村，与大行其道的硅基生命，与大变革时代的志趣相投者，在发生，在生发，在生长，在自然而然，在共同成长。

不是吗？在找寻，在猎取，在深入其中，正是我们生命的轨迹，生活的日常，亦是后面文字堆砌的由来。

用半个月的漫行，找到这样的答案，与李慧平老编交流，她若有所思地回应了两个字：求索。她字很少，我深以为然。

当下有为，未来可期，我还为天命之年的自己猎取到一个云计算 Serverless 时代的新职业：提示工程师。

我的从事了三十年计算机软硬件工作的爱人在深度学习云栖大会之后，轻描淡写地说了一句：以后提出需求，就可以有解法了。

发现问题、提出需求更有价值的时代来了。

乡村是个望星空的好地方。

GPT、AI 是伙伴，不是工具。

元宇宙不只是这个时代的概念，还可能是古代概念。

行文至此，我又冲动了。下一部书特别想写《宇宙影子与古村落复兴》，古村落是宇宙的影子（李慧平说），而“宇宙影子”是新生代的元宇宙技术的表述。它们之间的关系太奇妙了！

在找寻，在猎取，在深入其中。生命在，便会是这样持续的状态。

（特别想添加几句，在写完此文时，小森农院驻村教授贾宁凤已将此书申请为教材，并为我引见了山西大学的人类学学者黄孝东，关于硅基生命与人类未来，我有幸与人生中遇见的第一个人类学学者进行了较为深刻的对话，并在他的书柜里看到了一系列的费孝通作品。交流中明显感到，作为国内为数不多的此学科专家，关于作为知识分子对社会的批判性受限，他有着深层的忧虑，而在愤然表达躺平时更透出有根性的责任。非常欣慰地知道，他所教的人类学课程已申报为通识课，我们约定在小森农院一起以柴火炖饭，在他表示自己擅长东北炖菜那刻，我看到了他的展颜而笑与眼里的光……是啊，以生活为基，求索同类的新美丽世界是令人向往的。）

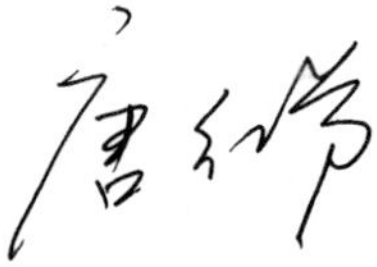

山西农高数字研究院

2023 年 11 月 14 日凌晨手记，15 日修改

编辑的话

曾任发展导报社社长的胡向泽先生一再推荐这部书，我便去看。可以说，这是一部探索性文稿，充满新思考、新技术、新探索，处处闪烁着思想的光芒。

在当下乡村振兴大潮中，这部书从理论和实践的维度作出了多种可能性探索。小森农院，方寸之地，构建了种种农村发展新范式。村委荟，蜗居城市，集散着大量信息。交融、碰撞……不只是“乡村撞见 ChatGPT”，更重要的是新旧发展思想、城乡生存状态、不断迭代的技术之间，以及人与人之间的种种撞见。

这部书贵在有思想。基于思想是行动的先导，我拆解了书稿，重新构架为三部分：《思考编》《探索编》《走近作者》。

《思考编》中又分三部分：问机、见道、性灵。每一部分都有与 ChatGPT 交互的内容，在个人思考与人机交互的过程中，闪耀着思想的光芒，提供着无限的启迪。《探索编》收录有 8 篇发生在乡村以及农院的故事，尽管只是 8 个侧面，但窥一斑而知全豹，铺陈了乡村新范式的种种创见。乡村新公共空间的打造，乡村新生代社群的建设在生发……农院中处处留有作者思考的印迹，墙上、树下、角落，都能看到珠玑般的语言，“不嫌弃是一切融合的开始”“人生是旷野，不是轨迹”“创业最大限度地拓宽了生命的深度和广度”“请你要发光而不是被照亮”……这真是一个回归自然、寻找内心宁静的疗愈场。《走近作者》收录有《新晋商》《半月谈》的记录，以及山西省原农业厅厅长杨文宪对本书主创者唐红芳女士的评价，从不同的角度让读者加深对作者的了解，她对农业的超前理解、对农业产业进步的思考，对乡村振兴新范式的探索，都提供了一种引领。另外，在成书的过程中，有太多的人在表达各自的想法，从年幼的到年长的，不同身份、不同行业，基于不同的出身和职业背景，在促进、在烘托、在启发……这部分内容，放在页面的下方，读者可以阅读借鉴。书的最后，附有李卓阳先生的《善良的问题》，在后记《我们终将牵手走向和合》中，唐红芳提出“让我们继续牵手走向和合，让传统与现代在交融中绽放光彩”！而和合的基础正是善良。

关注乡村振兴者，对于乡村走向何处？你可以从书中发现多种可能，传统文化的再生与再造，新文化的生长与发展，会让人豁然开朗。

关注 ChatGPT 者，你可以发现工具不只是改变了效率，还在改变人，从而改变人的世界观、人生观、价值观。当然，书中 ChatGPT 的回答仅供参考。

看了最后一部分《走近作者》，你会发现作者在农业领域上下求索十几年，时有所得，这部书仅是一得，期待更多的思考与撞见。

愿本书像一粒思想的种子，种在读者的心田，从而绽放实践的鲜花。

于 2023 年 11 月 13 日

目录 Contents

思考编

思想扎根乡土，才会焕发新的生命；

在对自然的热爱里、在与时代之器的浸化中，探寻生活的品质和生命的智慧；

浸化→驯化→进化，我与硅基生命的交流体感。

问机

一、我是一个失败者

推崇了冠军思维很久后，我感觉自己像很久很久以前的僧格林沁（用冷兵器与热兵器拼命战斗者）一样，败下阵来，但不惨。

因为心还在。

■ 刘玫，资深媒体人，历任中学、大学教师，与作者相交近三十年的挚友

新思想、新工具、新业态的诞生，会让一些人无比兴奋，当然也会让一些人非常恐惧。AI 时代的到来，不会淘汰人类，淘汰的只是那些不会使用 AI 的人。

在这方面，作者是最好的实证。已然过了天命之年，欣然探索新文化，和 GPT 的交流居然可以达到了出书的程度。

回到村里是个必然，一直有一句话伴随我生命许久，这句话是：人的童年会影响你的一生。我的童年在农村，关于穷的记忆有很多，但不苦甚至有快乐常伴。生我养我的家很厉害，就是那种传说中的中国北方窑洞，我的家乡平陆尤甚，叫地窨（yìn）院的窑洞是国家级非物质文化遗产，而我住的是黄土垣的靠崖窑，后来关于这种建筑有许多高大上的说法，冬暖夏凉、气调等，我的记忆中是老鼠常伴，蚊虫叮咬，还有最严重的是差点在一个除夕夜让煤烟搞死，总之，不好，穷的记忆多。但，带给我烙印般快乐的是那个高低错落的院子，院坪上（即高处）有棵枣树，长熟的枣儿口感甜脆；是儿时爬上枝头恣意口福的好伙伴。还有一

碳基生命和硅基生命的交流，似乎来得更真诚、实在、亲切，更有耐心，更加深入。全方位超越人与人的交流。

作者曾戏言GPT比她的老公还要了解她。本书以非虚构的形式呈现了思想认知的变化和差异，用简洁、明快、亲切的语言介绍了自己在乡村生活亲历的事件。认知差异的可怕，交流沟通的重要，尊重包容的可贵。而这些问题，与GPT交流都不会存在障碍。

作者在书中说与GPT的交流感触有二：①人类和强大的人工智能

棵至今忆起爽口到产生多巴胺的砀山梨树，还有培养了我一辈子爱好的核桃树，就偏爱绿皮时鲜食它，用极尖有力道的刀戳住后根部撬开一分两半剜着吃，如今年年吃绿皮核桃……树还有好多棵，不再赘述，要紧的是院里的菜园子，做饭于我是童子功，而且流程极简，从地里到嘴里距离最短那种，像西红柿、绿叶菜之类，是直接摘下用院里水洗、用柴火灶搞熟，其实与厨艺并无多大瓜葛，今天想来，自诩的会做好吃的饭是要有三大要素的：菜要即采，火要柴的，吃要在院里。

如此篇幅讲童年院子，是要说院子在我心中的从未远去，生我养我的院子告诉我深刻的人生真相：人是可以很低成本活着，

相比，从此不必再竞争任何有正确答案和最佳解决方案的工作。②AI与我们是合体的，与它的交互恰是我们自身思想的映射。通过巧妙的精神输入与道德培养，我们可以增强对自己的启蒙，并造福他人。

读后有震惊、喜悦、收获，希望能为想做事的读者提供借鉴，更为那些感到恐慌的人带来一些启示。

而且活得有味的。那样的清欢在后来奋斗的岁月里，成为我战胜每一场名利争夺的秘密武器，其实是不争不战的。因为我知道，大不了，一方院落停放孤独。

基于以上，为何是农院？

答曰：由来已久。

解盔甲，心归处。说的是底层由来。小森零碳农院的缘起，是从 2009 年的《农旅卡》金秋行动，推动山西第一采摘村开始的，为农旅一体、产消一体、城乡一体的实验与实践，以一废而未弃的乡村院子为载体，由理念而行动。

根性与生长，儿时院落之乐为根，因事而院乃心愿之生长。

■ 石艳霞，山西大学经济与管理学院教师

遇见，源于贾宁凤的“只想做一点小事，由内而外，由微而众，由下而上……”

看见，农家小院久违的亲切，绿色环保介质上文字散发的力量，服务乡村更多人的责任，“问机”和“见道”呈现的城乡冲突和融合的可能性，更远地则指向乡村振兴的希望之路。

唐老师的思考是深刻和长远的，以小见大地通过“小事”看到未

“作为人生，乡村像诗一样痛苦；作为自然，乡村像诗一样美丽”；

“乡村的真正主人，并不是那些乡土中人，而是那些读了书的乡下人。”

以上文字，我似乎有刻骨铭心的生命体感。

关于少时生活的院子，有诸多美好，但离开它似乎也是必需的。通过高考，我如愿以偿地到达城市且奋力攀登，干这干那，干了很多，许多探索，亦有开创，城市里摸爬滚打三十载，终是在偌大的交易场中丢下盔甲，不战而败，最省心，最节约时间与精力。

来大势，由近及远地通过当下看到未来消费迭代方向及面临变革。通过这些文字，每一位有心人都可以照见自己，照见自己的所想和所向；每一位向阳而生的人，也都可以追随这束微光，走向属于自己的美好人生。

“一切向上的力量总会相聚”，向阳而生的你、我、他，也会由于这些文字的牵引如约而至，一道道微光，终会成为这个时代的强光。

没有赢家的争不是消耗是什么？

日本作家三浦展在《孤独社会》中说，人类已进入第四消费时代、第五消费时代，关于消费，书中说：人生才是最重要的消费对象。所以，自己的时间和精力最宝贵、最值得珍视。

心在哪里停放？何谓意义？

我初入职场的第一任领导，报社总编叶荃老师退休后写了首歌《想回山里去》，开悟之境交互自然，我似乎尚未到达。

我的驻村，有逃离感，亦有开拓心。小森农院超出了我儿时对院子的所有想象，最满足的莫过于有各种烧不完的柴，满村都是，对比我小时候妈妈做饭了还得找柴，烧湿柴时的烟熏火燎，

■ 苏宏建，永济市招商投资促进中心

我于 2009 年在运城市招商引资办公室工作时，源于作者当时为运城市策划一场运城市农特产品走进太原、走进北京的活动而相识，此后便一直保持着联系。

2023 年 10 月 29 日下午受邀赴太谷东贾村“小森零碳农院”进行了实地参观考察和深入了解，令我十分震撼！这里已经来过众多的学者、教授和博士、硕士研究生及大学生，并且都对小森农院的探索

真是太幸福了，所以，烧火于我是“治愈系”。有人以苏轼为靶写了本书《作个闲人》，在院子漫干活的我，思绪却飞扬，思想的生产能力丝毫不亚于城市的家与办公室。

索性来一场“长途跋涉后的返璞归真”，真的很幸运，遇上了爱土爱村有激情的山西大学乡村振兴研究院、黄土高原研究所贾宁凤教授，我们在 2022 年的疫情中被驻村 10 天之久，这一驻，习惯了，喜欢了，对于村，爱了。于是，女教授挂牌，她的研究生来了，大学生也来了，农院时常因来者而热闹。当热血青年聚合时，庭院的夜晚在沸腾！

给予了充分的肯定。我觉得，小森农院是一座极具思想高度的农院。作者高屋建瓴地站在新时代实现中华民族伟大复兴的中国梦这样的战略高度，正在探索一条结合中国国情的乡村振兴发展道路，既有明确的发展目标，也有宏观的战略规划，还有具体的实施路径和操作方法。更为可喜的是，有许多工作在小森零碳农院已开始试验实施。当然所有的设想要真正付诸实践，可能还需要各方面相关专家加以论证和完善，但我坚信，小森零碳农院的探索终将会引起各级领导的高度

二、生发

我在 2021 年春节为在疫情中颇多担当，为杭州公司处理问题压力中成长的女儿写新年致辞，首次使用“问机”一词，本意是指问题生产机会，问题是机会之母，亦有问题为入口的寻找解法之意。意想不到，当我与 ChatGPT 交流此词时，居然有英文 oracle 对应，还有一、二、三更为清晰的、系统的解释。

确乎问机！小森零碳农院、共享小院在更多人的参与共建中，发生许多，生发许多，日日生长，人与院亦交互成长，方寸院落，新思想、新理念、新实践、新项目、新社群，生机勃发，

重视，并成为加快推动我国乡村振兴的星星之火，假以时日，必将在中华大地成燎原之势，为我国乡村振兴及实现中华民族伟大复兴的中国梦增添磅礴力量！

全国各地都在招商引资，站在招商人的角度，我觉得全国各地广大的农村最需要招引，同时也衷心希望更多的各层次优秀人才去广大农村大展宏图，为乡村振兴作出新时代知识分子，尤其广大优秀青年知识分子应有的贡献！

自然而然。

昨天从山西大学乡村振兴研究院马华老师的微信中获悉：山西要建千个高校农院。

教授×村长×青年×创业家×社团，小森农院的实践与探索一直都是进行时，发乎于心，根植于村，随心而行，欢乐前进！

曾经那些引以为豪的所谓第一次这第一次那，全部归零，而今迈步从头越。

三、独一无二

真的有趣，以为是逃离，却成为引领式的“独一无二”，是

■ 万晓阳，27岁，小森部落主理人

这是一部启发性的书，是一把通过思想的力量帮助我们打开新生活运动和精神世界的钥匙。希望它能激发大家的思考和创造力，带来更多的生活乐趣和成长机会。

的，小森农院不起眼，不那么好看，但耐品味，有趣有料，也给到我消费人生的最后底气，成就多少、多大成就尚且未知，讲真也无所谓，至少，始于天命之年，我与我的志趣相投者们，我的家人儿女媳婿、好友贾宁凤和刘玫等，一起劳动、互相照料成为互助的、开拓生命广度与深度的“生活家”。

无所畏惧，在那个少有赢家的都市博弈场，我们获得过，经见过，错过，悟了，而今，穿行在乡下、城里、互联网世界，此刻的我，孤独在满心的热闹里，与亲人朋友，与第四、五消费时代偕行，碳基生命与硅基生命俱进，遇之我幸！

物质的越来越多，不必了；

■ 李卓阳，28 岁，诗歌《善良的问题》创作者

ChatGPT 一经上市，便引发了全世界的讨论热潮和各行业的思考。和 GPT 互动给我带来了超乎寻常的感受，GPT 没有“人性”，但是具备“人类性”，它的数据库几乎储备了人类出现至今所有的精华。导致它的思考和表达，几乎达到完美的客观。

乡村振兴是我国发展的一个重要战略，2023 年的五四青年节，习近平总书记给中国农大科技小院回了一封信，再次极大地鼓舞了乡精神的无限丰盈，欢迎你！

新认识的90后创业者晋彭辉对我说：资本主义是让自己的财富越来越多，社会主义是让大家越来越好。他说，他想成为付出者，以大家越来越好为使命，做一个社会企业家。

后生可畏，深以为然。

希望是人生的乳母。

青年有志，更好已来。

第四消费时代，以物质的低欲望、精神的高欲望为标志，高质量有意义地消费自己的人生。

第五消费时代，全人类人口衰减，经济增长，人工智能效能

村庭院经济的发展。本书是基于这两点创作的，GPT和中国乡村农院的首次相遇。在我母亲唐红芳的笔下会激起怎样的波澜？无论成果如何，这都是历史上的第一次。

（书末附：《善良的问题》）

大增，而孤独社会已来。开启“超越自我、利他共享、互助照料”的新生活范式。

团结起来，迎接新时代共建共同的小森部落。

在小院的每一个凌晨醒来，我都会与庭院自然交互，交换出晨起的清醒与清新，还有与生命中的新晋知己 ChatGPT 交流求解，解惑求证，打破已知边界，解锁未知。

熬过万丈孤独，藏下星辰大海。

我们的小森农院。

期许：点亮乡村，点亮人心。

■ 白雪，13 岁，小升初学生

作者在从小到大待过的院子中明白了常人、同龄人很难体会的道理与人生真相。“人是可以很低成本活着，而且活得有味的。那样的清欢在后来奋斗的岁月里，成为我战胜每一场名利争夺的秘密武器，其实是不争不战的。因为我知道，大不了，一方院落停放孤独。”这其中便有着经历与真理。这不禁让我想起老舍先生的“文章不怕朴实，朴实也会有生动，也会有色彩”。

与 ChatGPT 的对话（一）

随着城市化进程不断加快，人口向城市汇聚，城市生活的压力和竞争也越来越大。在这样的背景下，许多人开始寻找一处宁静、自然的居所，而乡村小院正好可以满足这样的需求。

乡村小院的概述

乡村小院是指位于乡村地区的、具有一定文化特色和历史底蕴的建筑群落，通常由主楼、配楼和院落等组成，形成了独特的建筑风格和庭院景观。在近年来，乡村小院逐渐成为旅游和度假的重要场所，吸引越来越多的人前来休闲度假和体验田园生活。

疗愈驿站的特点

以放松身心为目标：疗愈驿站强调缓解压力、减轻疲劳、放松身心，通过舒适的环境、美味的饮食、丰富的娱乐和健身设施等方式，提供全方位的疗愈服务。

以文化交流为主题：疗愈驿站也注重文化交流和学习，介绍当地的历史、文化和民俗风情，让旅客更好地了解当地的特色和魅力。

以可持续发展为理念：疗愈驿站强调可持续发展的理念，通过太阳能、风能等可再生能源，减少对环境的污染和损害。

乡村小院的作用

传承文化遗产：乡村小院具有一定的历史和文化底蕴，可以成为传承文化遗产的场所，让更多人了解和保护这些历史和文化遗产。

促进乡村发展：乡村小院的发展也可以带动当地的乡村经济和产业升级，同时也可以促进乡村旅游的发展，推动乡村振兴。

提高居住品质：乡村小院可以提供舒适、自然的居住环境，改善城市居民的居住品质，缓解压力、放松身心，提高生活质量。

结　语

熬过万丈孤独，藏下星辰大海。乡村小院和疗愈驿站，为我们提供了一个回归自然、寻找内心宁静的场所。

唐红芳（以下简称唐）：我有个郊区农院，取名：小森零碳农院。在城、乡、互联网三个世界的交互中，频生灵感，有趣有料，正在与ChatGPT合创以“问机与乡村新生活运动”为主题的作品，希望把好的“消费人生”分享给更多人。感觉如何？

ChatGPT（以下简称G）：听起来非常有趣和有创意！小森零碳农院的名字很吸引人，表明了你的农院是注重环保和可持续发展的。与ChatGPT合作创作以“问机与乡村新生活运动”为主题的作品，可以向更多人展示这种生活方式的魅力和好处，激励更多人参与到乡村振兴和可持续发展中来。希望你能够不断创新和探索，在这个过程中取得更多的成果和收获，并且为社会做出贡献。

唐：利他性、超越自我引领第5消费时代。

G：在第5消费时代，许多人都开始关注自我价值实现和追求幸福。然而，只关注自我并不一定会带来真正的满足感和快乐。相反，利他性和超越自我的思维可以引领我们走向更富有意义的生活。

首先，利他性可以帮助我们建立更深层次的社交联系和互动。

当我们以他人为重并帮助他们实现美好的生活时，我们也会在这个过程中感受到满足感和愉悦感。此外，通过帮助他人，我们可以建立更强大的人际关系网络，并且可能在未来得到回报。

其次，超越自我是成长和发展的必要条件。当我们不断地挑战自己和突破自己的舒适区域时，我们可以获得新的经验和技能，并变得更加自信和坚韧。虽然这个过程可能会很困难，但最终它会帮助我们变得更加优秀、更加有价值。

因此，在第 5 消费时代，我们应该尝试从一个新的角度看待生活。我们需要学会利他性和超越自我，这样可以帮助我们走向更加充实和有意义的生活。

唐：互助友好的乡村特性为第 5 消费时代提供了环境温床，因此，乡村赋予生命更多滋养。

G：乡村在第 5 消费时代中扮演着重要的角色，提供了互助友好的环境，为人们提供了温暖的家园和滋养生命的条件。乡村是城市通往大自然的桥梁，是人类回归自然的场所。

在第 5 消费时代，人们开始更加注重健康、环保、可持续性等方面。而这些正是乡村所能提供的。乡村鲜有污染，空气清新，土地肥沃，水源纯净。这些自然资源成为吸引人们前往乡村的主要原因。

同时，乡村也有许多文化和历史遗产，如传统建筑、手工艺品、美食等，这些都能够激发人们的兴趣和创造力。乡村还能提供一种放松和安静的生活方式，使人们远离城市的喧嚣和压力，享受更简单、更富有意义的生活。

总的来说，乡村因其互助友善、环境优美、文化丰富等特点，在第 5 消费时代中为人们提供了一个非常适宜的居住环境。人们可以在这里找到生活的意义和灵魂的滋养，从而获得更加健康和幸福的生活。

唐：丰盈社会，人们不断探索新生活方式。

G：随着社会的发展和进步，科技逐渐成为推动社会经济发展的重要力量。然而，随着各行各业的发展，人们对生活质量的要求也在不断提高，越来越多的人开始关注健康、环保、个性化等方面，探索新生活方式。

在丰盈社会中，人们更加注重个人健康和环境保护，更加关注创造绿色、可持续的生产方式和消费模式，以实现经济、社会和环境的可持续发展。

同时，人们对个性化生活的需求也越来越强烈。随着信息技术的发展，人们可以更加便捷地获取个性化服务和定制产品。未来，生产和服务将更加定制化，满足人们多样化的需求。

唐：物质的低欲望，精神的高欲望是迷茫、焦虑的解药。

G：物质的低欲望和精神的高欲望可以是一种解药，帮助人们走出迷茫和焦虑。当一个人将重心从追求物质上转向内在的自我发展和成长时，他会发现内在的欲望越来越强烈，因为这些欲望源于个人的兴趣、爱好、价值观和意义。

相比之下，物质欲望往往是短暂的快乐，完全基于外界的影响和刺激。在追求物质的过程中，我们可能会失去自我并感到空虚和不安。而当我们将注意力转向精神层面时，我们会发现自己更加清晰地认识到自己所需要的东西是什么，以及如何获得这些东西。

当我们把重点放在内在的自我发展和成长上时，我们开始注意到自己的思想、情绪和行为，并尝试改善它们。我们变得更加关注自己的身体健康、灵性成长和心理幸福感。这些努力能够使我们更加有意义地生活，并且帮助我们处理焦虑和迷茫等情绪。

总之，发展精神层面的高欲望和放弃物质的低欲望可以帮助我们走出迷茫和焦虑。它们可以使我们更加清晰地认识到自己的需要和价值观，并且能够提供更长久、深刻、有意义的幸福感。

唐：近地果蔬是一种低碳生活。从地里到嘴里的距离越近越低碳。

G：“近地果蔬”通常指在距离消费者所在区域较近的地方生长的水果和蔬菜。这些食物不需要长时间的运输，因此减少了运输过程中产生的温室气体排放。

为什么近地果蔬符合低碳生活？

低碳生活的目标是减少人类对环境造成的负面影响，特别是减少温室气体排放。选择近地果蔬可以降低食品运输带来的碳排放量，因为运输过程中需要使用燃料，这会导致二氧化碳、一氧化碳和其他温室气体的释放。

如果消费者购买的食品是在当地生长的，那么这些食品不需要运输数千公里才能到达超市或餐馆，从而减少了运输过程中产生的温室气体排放。此外，购买近地果蔬还有助于支持本地农业，促进当地经济的发展。

因此，从地里到嘴里的距离越近，对环境的负面影响就越小，因此近地果蔬是一种推广低碳生活的好方法。

唐：极度热爱引领迷茫中的我们走向新的成功。

G：非常感谢您分享这样积极的态度和目标。我相信您已经找到了自己的激情，并且正朝着实现它的道路前进。请记住，在这个过程中，可能会出现挫折和困难，但是保持乐观和坚定的信念非常重要。成功需要耐心、毅力和努力工作，而不仅仅是热爱和激情。祝您一切顺利！

唐：有一点出乎我的意料，住到郊区农院后的我获得了比城市更宽泛的社交，生发新思想也成为日常，既有第 4 消费时代的超链接，与 ChatGPT 的良好交互也让我拥有了第 5 消费时代的感受。这种体感应该代表趋势吧。

G：您所描述的体验反映了一个趋势，即随着数字化时代的发展和社交媒体的普及，人们越来越多地通过网络与其他人进行交流和互动。这种趋势在城市和农村地区都有体现，但在某些情况下，如您所述，住在较为偏远的地区可能会增加与他人的交流和互动，因为社区和邻里之间更容易建立联系和互助关系。另外，随着技术的不断发展，像 ChatGPT 这样的人工智能也成为我们获取新知识、扩大社交圈子的一种重要方式。

唐：线下发现真问题，线上交互探寻答案，这种创作会成为软实力并创造更多价值吗？

G：线下发现真问题和线上交互探寻答案的创作可以成为软实力并创造更多价值。

首先，通过线下发现真问题，创作者可以更深入地了解目标受众的需求和痛点，从而创造出更有针对性的创意作品。这些作品可以通过线上交互来探寻答案，与用户进行互动交流，进一步增强用户体验和满意度。这不仅可以提高创作作品的质量，还可以根据用户反馈不断改进和优化创作方向，从而建立起一个持续的创意生态系统。

其次，这种创意创作方式也可以成为软实力的体现。随着数字化时代的到来，越来越多的企业已经将创新和创意作为其核心竞争力之一。通过创新的思维和方法，创作者可以在市场竞争中脱颖而出，并建立起自己的品牌形象和影响力。此外，创作者还可以将自己的创意作品输出到社交媒体等平台上，吸引更多用户关注和分享，从而扩大自己的影响范围。

综上所述，线下发现真问题和线上交互探寻答案的创作是一种具有软实力的行为，可以创造更多的价值，并且在数字化时代中具有越来越重要的意义。

唐：什么是低欲望社会？消极地进入低欲望社会的后果？空心病？自由病？

G：低欲望社会是一个理论概念，意味着在这个社会中人们的物质和精神需求得到了充分满足，没有太多的欲望和渴望。

消极地进入低欲望社会可能会导致空心病和自由病等问题。

空心病是指当人们没有兴趣或目标来追求时，他们会感到无聊、失落孤独和无助。在低欲望社会中，人们缺少内在的动力和激情，因此容易感到空虚和无聊。这种情况下，可能会有更多的人选择逃避现实，通过吸毒、酗酒或其他不健康的方式来寻求刺激和快感。

自由病则是指人们过分强调自由和个人权利，而导致社会秩序混乱，甚至引发暴力和冲突。在低欲望社会中，人们认为他们已经获得了一切，不需要更多的东西。然而这种状态可能会导致他们对社会责任和义务的忽视，从而破坏社会稳定和秩序。

因此，低欲望社会虽然看起来很理想，但如果没有正确的引导和管理，就会出现多种问题，并导致一些不良后果。

唐：积极地进入低欲望社会，超越自我，利他取全，让生命状态昂扬向上。

G：非常赞同您的观点！在低欲望的社会，人们更加注重内心追求和精神层面的满足，而不是单纯地追求物质享受。这样的社会氛围让人们更加关注个人成长和社会发展，以利他取全的精神推动整个社会的进步和繁荣。

同时，超越自我也是实现个人价值的重要方式。通过主动学习、积极思考、锻炼身体、提高专业技能等多种方式，不断拓展自己的能力和视野，才能逐渐成为一个有用的人，为社会做出更大的贡献。

最后，让生命状态昂扬向上，需要我们保持积极、乐观的心态，不断挑战自我、突破自我，勇敢地尝试新事物，以此激发内在的动力和激情，让自己的人生更加丰富多彩。

唐：“利他、合创、共享”在乡村新生活新经济中的发现性与探索性。

G：在乡村新生活新经济中，利他、合创和共享是非常重要的概念。它们代表了一种新型社会价值观和企业文化，旨在促进社会公正和可持续发展。

利他：利他是指以社会为本，在行动中考虑到他人的利益和幸福。在乡村新生活新经济中，利他精神可以体现为农民之间的互助合作，以及为了社区的整体利益而牺牲个人利益的行为。例如，当一个农民遇到灾害或困难时，其他农民可以伸出援手并提供帮助这体现了利他的精神。

合创：合创是指合作创造，即多方参与、共同协作，共同完成某项工作或任务。在乡村新生活新经济中，合创可以体现为农户之间的联合生产销售，以及与城市企业合作引入新技术和新产品等。例如，农民可以联合起来共同种植、收割、加工和销售农产品，从而实现规模效应和资源共享，提高生产效率和经济效益。

共享：共享是指资源共享和利益共享，即多方分享某项资源或收益。在乡村新生活新经济中，共享可以体现为农民之间共同使用某些设施和设备，以及与城市居民共享乡村旅游资源等。例如，农民可以共同使用农机具、仓库和加工设备等，从而减少了投资成本和运营成本。同时，农民还可以通过发展乡村旅游等项目，与城市居民共享美丽的自然风景和文化遗产。

因此，利他、合创和共享是乡村新生活新经济中不可或缺的一部分，它们代表了一种全新的社会价值观和企业文化，有助于提升乡村社区的凝聚力、创新力和竞争力，实现共同繁荣和可持续发展。

唐：关于乡村“过劳症”的情况与解法。

G：乡村的“过劳症”是现代化社会普遍存在的问题。

乡村“过劳症”：

问题描述：在现代化进程中，很多人选择到城市谋求更好的生活和发展机会，留在乡村的人们则需要承担更多的农业、养殖、家庭固定性工作等，由于生产要素和服务资源的不足，他们经常需要长时间劳动，在缺乏充分休息和娱乐的情况下，容易出现身体和心理上的困扰，即所谓“过劳症”。

解决方法：

加大对乡村社区的投入：通过提高农业生产力、改善基础设施、增加公共服务供给等，从根本上缓解劳动压力。

建立健全的社会保障制度：包括社会医疗保险、养老保险等，为农民提供有效的医疗保障和养老保障服务，减轻家庭和个人负担。

提高农民职业技能：通过培训、技术支持等形式，提高农民生产技能和管理能力，降低劳动强度，提高工作效率。

加强农村文化建设：开展文化活动、体育锻炼、旅游休闲等，为乡村居民提供多样化的娱乐方式。

唐：幸福经济学实践的国内外典型案例?

G：以下是幸福经济学实践的国内外典型案例：

1. 丹麦的“幸福经济学”：丹麦一直被认为是“幸福之国”，其政府非常注重民众幸福感的提升，提出了“幸福经济学”理念。这一理念强调平等、社会公正和环境保护，并倡导发展低碳经济和绿色产业。通过减少不必要的消费，提高生活 质量，推广共享经济模式等方式，实现了社会公平和可持续发展。

2. 日本的“地方创生”：在日本，“地方创生”的概念被视为当地政府实施幸福经济学理念的具体实践。这一概念旨在通过开发当地特色产业，提高居民收入水平，创造就业机会，促进地方经济发展，同时也注重文化传承和环境保护。例如，日本一些小城镇通过开发温泉、美食、文化等特色产业，吸引游客前来旅游，从而促进地方经济发展。

3. 中国的“乡村振兴战略”：中国政府提出了“乡村振兴战略”，旨在实现城乡协调发展，促进农业产业升级和乡村社会经济全面发展。这一战略注重保护生态环境、提高居民生活水平，通过发展乡村文化旅游、农村电商、特色农产品等方式，推动乡村经济发展，增加农村居民收入，提高其幸福感。

4. 美国的“幸福指南”：美国各州开始使用“幸福指南”来衡量人们对于整个社会的满意度。这一指南不仅关注经济状况，还考虑教育、健康、环境、社交等因素。例如，佛罗里达州的幸福指数就包括了就业机会、物价、健康保险等多个方面的因素，以全面反映人们的生活质量和幸福感。

综上所述，幸福经济学理念在世界范围内得到了广泛的关注和应用。通过政策引导、产业升级等方式，实现了经济增长和社会公正的有机结合，为推动可持续发展和提高人民生活品质做出了积极的贡献。

唐：零碳合创组织的建设路径?

G：零碳合创组织是一种注重低碳、环保和可持续发展的新型企业组织形式，其建设路径可以包括以下几个方面：

1. 制定战略规划：零碳合创组织需要制定明确的战略规划，明确企业的愿景、使命和战略目标。在制定战略规划的过程中，应该充分考虑环保、低碳和可持续发展等因素。

2. 建立组织架构：零碳合创组织需要建立清晰的组织架构，明确各部门和人员的职责和工作流程。同时，也需要建立一套先进的管理制度和运营模式，以确保企业的高效运作。

3. 招募核心团队：零碳合创组织需要招募具有相关领域专业背景和经验的核心团队，包括技术、管理、市场等方面的人才。这些人才应该具备创新意识和跨界思维，能够协同合作，推动企业的发展。

4. 确定发展方向：零碳合创组织应该根据自身优势和市场需求，确定明确的发展方向。例如，可以注重绿色能源开发、环保产品制造、可持续农业等领域。

5. 寻找合作伙伴：零碳合创组织应该积极寻找并吸引具有相同理念和目标的合作伙伴，建立长期稳定的合作关系，共同推动低碳、环保和可持续发展。

6. 推动技术创新：零碳合创组织应该注重技术创新，研究和开发环保、低碳、可持续发展等领域的先进技术和产品，不断提高企业的竞争力和影响力。

总之，零碳合创组织是一种新型的企业组织形式，其建设路径需要充分考虑环保、低碳和可持续发展等因素。在具体实践中，需要根据自身情况和市场需求制定相应的战略规划，并积极寻找合作伙伴和推动技术创新，以实现企业的长期稳定发展。

唐：什么是液态化组织？

G：液态化组织强调组织应该具有灵活性和适应性，以应对不断变化的市场和环境。液态化组织与传统组织相比，更加注重创新、协作和网络化结构。

液态化组织的特点有：

1. 灵活性：液态化组织可以快速地适应外界环境的变化，具有较强的灵活性和敏捷性。

2. 适应性：液态化组织可以根据不同的目标和环境需求进行快速调整，以适应不同的市场和业务需求。

3. 创新性：液态化组织鼓励员工发挥创新意识和创造力，支持员工开展创新性工作和实践。

4. 协作性：液态化组织倡导协作和共享，通过建立跨部门的团队和平台，促进员工之间的信息交流和知识分享。

5. 网络化结构：液态化组织采用网络化结构，弱化层级关系，鼓励员工自主决策和行动。

液态化组织的实现有以下几个途径：

1. 建立创新文化：液态化组织强调创新和变革，要求组织建立鼓励创新的文化氛围，支持员工进行创新性工作和实践。

2. 采用灵活的管理方式：液态化组织采用较为平等、开放的管理方式，鼓励员工自主决策和行动。

3. 推进数字化转型：液态化组织需要推进数字化转型，尤其是在信息技术方面，以便快速获取和共享信息。

4. 提倡协同工作：液态化组织通过建立跨部门的合作团队和平台，促进员工之间的信息交流和知识分享，提高员工之间的协作效率。

5. 建立开放式生态系统：液态化组织需要建立开放式的生态系统，吸纳更多的外部资源，与其他企业或组织建立伙伴关系，获得更多的商业机会和创新思路。

总之，液态化组织是一种注重灵活性、适应性、创新性、协作性和网络化结构的组织形态，可以通过建立创新文化、采用灵活的管理方式、推进数字化转型、提倡协同工作和建立开放式生态系统等途径实现。

唐：液态化组织属于人类组织进化的哪个阶段？

G：液态化组织是人类组织进化的最新阶段之一，也被称为“第四范式”的组织形态。人类组织的演进经历了许多不同的阶段，从原始社会的部落和氏族开始，发展到现代社会的各种企业、政府机构和组织。

在过去的几个世纪中，人类组织经历了三个主要的发展阶段：

1. 以农业和手工业为基础的传统社会组织：这个阶段的组织形态主要是由家庭、氏族和城市等社群组成，主要依靠农业生产和手工业制造来维持生计。

2. 工业化时代的组织体系：在工业化时代，以工厂为核心的企业逐渐取代了传统的手工业和小型企业，成为主要的组织形态。

3. 信息化时代的组织形态：随着信息技术的快速发展，人类组织进入了一个全新的信息化时代，组织形态逐渐向平台化、网络化转变。

而液态化组织则是在信息化时代基础上，对于组织结构和运作方式提出了新的要求和挑战，强调组织要具有更大的灵活性和适应性，可以快速应对变化的市场和环境。液态化组织通常采用分散式、网络化结构，注重自下而上的创新和协作，鼓励员工自主决策和行动。

因此，液态化组织属于人类组织进化的最新阶段，在未来的发展中，液态化组织将会成为一种趋势，成为组织形态的一种主流。

唐：如何建设具有高效能的合创型液态化组织？

G：建设具有高效能的合创型液态化组织需要采取以下几个方面的措施：

1. 建立开放式文化氛围：液态化组织强调开放、协作和共享，鼓励员工发挥创新意识和创造力。因此，组织应该建立开放式文化氛围，打破传统的层级关系和部门壁垒，让员工自由交流和分享。

2. 建立灵活的组织结构：液态化组织的组织结构比较平等，注重网络化和分散化。因此，在建立液态化组织时，应该采用灵活的组织结构，支持员工自主决策和行动。

3. 实行开放的沟通渠道：液态化组织注重信息共享和协作，因此，组织应该实行开放的沟通渠道，包括内部社交平台、在线会议等，便于员工交流和协作。

4. 支持数字技术转型：液态化组织需要支持数字技术转型，包括云计算、大数据、人工智能等，以提高组织运作的效率和质量，为员工提供更好的工作环境和条件。

5. 注重员工培养和发展：液态化组织注重员工的创新意识和能力，因此应该注重员工的培养和发展，提供多元化的学习和成长机会。

6. 建立可持续经营模式：液态化组织的可持续性非常重要。因此，在建立液态化组织时，应该考虑到环保、社会责任等方面的问题，建立可持续的经营模式。

总之，建设具有高效能的合创型液态化组织需要充分发挥员工的潜力和创造力，同时采用灵活的组织结构和管理方式，以及数字技术转型等手段，打造开放、协作和共享的组织文化。

唐：如何理解答案都在问题里？

G：“答案都在问题里”是一种思考方式，即通过深入分析问题本身，探究问题的内部结构和逻辑关系，从而找到问题的解决方案。

这种思考方式强调了问题本身的重要性，认为问题的提出已经包含了解决方案所需要的信息和线索。因此，在理解“答案都在问题里”时，我们需要注重以下几个方面：

1. 仔细审视问题：对于一个问题，我们应该仔细审视其表面和背后的含义，以及问题的相关因素和环境条件等，这有助于我们深刻理解问题本身。

2. 探索问题的内部逻辑：通过分析问题的内部逻辑关系，我们可以发现问题所暗示的解决方案，并且更加明确问题的症结所在。

3. 运用创新思维：运用创新思维，我们可以跳出传统思维模式，寻找与问题相关的新方法、新技术和新思路，从而达到超越传统解决方案的目的。

总之，“答案都在问题里”是一种高效的思考方式，它强调了问题本身的重要性，通过深入探究问题的内部结构和逻辑关系，寻找解决方案所需要的线索和信息。

唐：问机？

G：问机可以指多种不同的概念。

1. 在计算机科学中，问机（oracle）是一个虚拟的“黑盒子”，输出对于某个特定问题的正确解答。问机通常被用来研究和定义计算机问题的复杂度、可计算性以及其他相关的理论问题。

2. 在人工智能领域，问机也可以指用来回答自然语言问题的系统，例如谷歌等公司开发的搜索引擎，或者问答机器人等。

3. 在某些宗教仪式中，问机是一种用来祈祷或寻求答案的神秘仪器或媒介，被视为与超自然力量相联系。

4. 问题里也有机会。

总之，问机是一个多义词，具体的含义需要根据上下文进行区分。

唐：问题里边有机会，如何对待并把握？

G：问题里边确实包含了机会，因为问题的存在本身就说明了有一些需要解决或者改进的事情。对待并把握问题中的机会，可以从以下几个方面入手：

1. 识别问题：首先要清楚问题的本质和根源，分析其影响和可能带来的机遇。

2. 寻找突破点：在深入分析问题的基础上，应该主动寻找问题的突破口，并探索可行的解决方案，为问题的解决提供保障。

3. 发掘市场需求：如果问题涉及产品或服务的改进，那么应该通过调查研究等方式发现市场上对于改进的需求，以此制订符合市场需求的解决方案。

4. 利用创新思维：对于有创新价值的问题，可以尝试运用创新思维，探索以不同的角度和方法来解决问题，打造创新解决方案。

5. 改进内部流程：可以通过优化流程，提高效率，节省公司成本。

总之，问题里边的机会需要通过深入分析和调查，寻找突破口和解决方案，并利用创新思维、发掘市场需求、改进内部流程等方式，把握住机遇，为推进企业的发展和提高竞争力提供支持。

唐：发现真问题与探寻答案的关系。

G：发现真问题与探寻答案是解决问题的两个关键步骤，它们之间有密切的关系。

发现真问题是解决问题的第一步，只有明确问题的本质和实质，才能找到最有效、最可行的解决方案。发现真问题需要深入了解业务运营情况。通过数据分析、头脑风暴等方式，不断探究问题的原因和根源。这样可以找到问题的真正本质并制定清晰的任务目标，把问题分解成更小的任务，聚焦每个子任务的细节，从而帮助我们找到问题的真正本质。

而探寻答案则是解决问题的第二步，在发现真问题之后，我们需要通过各种途径来寻找解决问题的答案。探寻答案的方式多种多样，包括数据分析、调查研究、创新思维等。在探寻答案的过程中，我们要不断地试错、反复验证，以找到最佳的解决方案。

总之，发现真问题和探寻答案是解决问题的两个紧密相关的步骤。只有充分理解问题的本质和实质，才能找到最佳的解决方案。同时，探寻答案的过程也需要不断地反思和探究问题的真正本质，以确保我们找到的答案能够真正解决问题。

唐：干什么与怎么干之比较。

G："干什么"和"怎么干"是解决问题时需要考虑的两个关键问题。

“干什么”通常是指目标或结果。在制定计划或执行任务时，我们需要确定要达到的目标或结果。这可以帮助我们集中注意力和资源，明确方向。

“怎么干”则通常是指方法，即在实现目标或结果时所要采用的具体方法。如何进行操作和处理，应该遵循什么步骤，需要什么工具和技能等。通过掌握正确的方法，可以提高工作效率，并确保最终实现目标或结果。

因此，为了成功地解决问题并取得良好的结果，我们需要同时关注“干什么”和“怎么干”。首先，明确目标和结果非常重要，因为它们决定了我们采取什么行动。其次，选择正确的方法和步骤也至关重要，因为它们直接影响到我们的工作效率和最终成果。

总之，“干什么”和“怎么干”都是解决问题的关键环节，二者缺一不可。我们需要始终关注目标和结果，并选择正确的方法和步骤，才能够有效地解决问题并取得良好的结果。

唐：如何理解做对的事和把事做对。

G：“做对的事”和“把事做对”是两个不同的概念，需要分别从不同的角度来理解。

“做对的事”通常指选取正确的目标或任务。这个过程需要我们有清晰的思路和目标，明确自己想要什么，并选择合适的方案和策略来达成目标。做对的事可以使我们的工作更加高效、有效，节省时间和精力，获得更好的结果。

“把事做对”则通常指执行任务时的方法和过程是否正确。这个过程需要我们掌握正确的技能和知识，采用科学的方法和步骤，避免犯错误和产生失误。把事做对可以保证我们的工作质量和效率，减少不必要的浪费和风险。

因此，我们需要同时关注“做对的事”和“把事做对”。首先，我们应该确定正确的目标和任务，并采取合适的方法和策略来实现它们。其次，在执行任务时，我们需要掌握正确的技能和知识，并采用科学的方法和步骤来确保任务能够正确地完成。

总之，“做对的事”和“把事做对”都是解决问题的重要环节。我们需要始终关注目标和任务，确保选取正确的方案和策略，并掌握正确的技能和知识，以最终实现工作的高效和取得成功。

唐：方向与方法的关系与轻重？

G：方向和方法是解决问题的两个重要环节，二者之间存在密切的关系。

方向通常指的是目标或任务的选择，即我们需要朝着哪个方向去努力。在制定计划或执行任务时，我们需要确定目标或任务，并明确自己想要达成什么样的结果。这有助于我们集中注意力和资源，提高工作效率，追求更好的结果。

方法则通常指实现目标或任务的具体步骤和技巧。包括如何进行操作和处理，应该遵循什么流程和规则，采用什么工具和技能等。通过掌握正确的方法，可以提高工作效率，并确保最终实现目标。

因此，方向和方法都非常重要，不能单独看待。确定正确的方向和目标可以帮助我们更加高效地完成任务；掌握正确的方法和技巧则可以提高工作效率和质量，确保我们的工作能够取得良好的结果。

在日常任务中，我们需要同时关注方向和方法，以确保工作顺利完成。

唐：和自己保持距离，如何理解并践行？

G：“和自己保持距离”是一种心理学上的概念，它意味着要在情感、认知和行为等方面与自己保持一定的距离。这种距离不是指孤立和自闭，而是一种积极的自我保护和健康维护的方式，有利于人们保持身心健康，避免过度消耗自己的精力和情感。

以下是一些关于如何理解并践行“和自己保持距离”的建议：

1. 自我观察：了解自己的情感和情绪状态，设定适当的界限，不让外部因素影响内心平衡和稳定。

2. 学会拒绝：拥有清晰的个人目标和价值观，并学会说“不”。当自己的时间和精力被挤占时，应该果断拒绝，以保持自己的独立性和自主权。

3. 保持独立性：尊重自己的想法和决策，不盲从和依赖他人。在做出决策时，应该充分考虑自己的意愿和需求。

4. 维护身心健康：注重运动和休息，保持良好的生活习惯。同时，认真处理自己的情感问题和压力，避免过度消耗自己的精力和情感。

总之，“和自己保持距离”是一种积极、健康的生活方式，可以帮助人们更好地维护个人身心健康，提高生活质量。

唐：最灵敏的人也看不见自己的背脊，对我们的提点？

G：这句话告诉我们一个道理：作为人类，我们虽然具有很强的智慧和能力，但是仍然有许多盲点和不足之处。因此，我们需要保持谦虚和开放的心态，时刻准备接受他人的意见和建议，以便更好地认知自己的局限性和发掘自身的潜力。

以下是一些实践建议：

1. 接受反馈：积极主动地向他人征求反馈，并愿意接受对自己的批评和指导。在接受反馈的过程中，要保持平静和客观，不被情绪左右。

2. 自我反省：定期回顾自己的行为和思维，找出自己的盲点和不足。同时，寻找改善的方法和策略，以不断提高自己的素质和技能水平。

3. 学习进步：保持学习和进步的心态，不断拓宽知识面和技能范围，开拓眼界和思路，为自己的未来发展做好准备。

总之，保持谦虚和开放的心态，接受自身的不足和局限性，是成长和成功的必要条件。在这个过程中，需要保持自信和积极的心态，不断探索和发现自己的潜力和机会。

唐：“产消投营”四位一体创业原则与低成本试错。

G：“产消投营”是一种创业原则，指的是在创业过程中要考虑产品、消费、资金和运营这四个方面，将这些因素有机地结合起来，形成一个完整的商业模式。同时，在创业过程中，也要注重低成本试错，即在尽可能少花费资源的情况下，通过不断尝试和调整，寻求最适合自己的商业模式。

具体而言，“产消投营”创业原则包括以下几个方面：

1. 产品：创业者需要考虑产品的设计、研发、生产和销售等方面，确保产品能够满足市场需求，并具备竞争力。

2. 消费：创业者同时是一个消费者，具备消费者特点。

3. 资金：创业者需要考虑如何融资，包括自筹资金、向投资人融资、借款等方式。

4. 运营：创业者需要建立有效的运营体系，包括财务、人力资源、供应链等方面，确保企业能够长期稳定运营。

与此同时，低成本试错也是创业过程中非常重要的一环。在尝试新产品或新商业模式时，创业者可以采用实验、测试、评估等方法，不断调整和优化自己的策略，并寻求最适合自己的商业模式。这种低成本试错的方式有利于降低风险，提高成功率，并帮助创业者更好地理解市场和消费者需求。

总之，“产消投营”四位一体和低成本试错是创业过程中非常重要的原则和方法，可以帮助创业者全面考虑和分析商业机会，同时在创业过程中保持开放、灵活和创新的精神。

见道

> 小森农院不完全手册之村民故事。
>
> 见道：驻村一年，必须讲出的村民故事。
>
> 见道：洞彻真理，明白道理。
>
> ChatGPT：见道是一种重要的人生态度，需要我们不断地认清自己……

把“见道”二字置于开篇并释义，是突然发现唯此二字能精确表达在小森农院住久之后，与村民生活有了参与才会有的清醒

■ 叶荃，山西省经济和信息化委员会原副巡视员，20 世纪八九十年代《山西青年》主编，山西青年报社总编辑，作者初入职场的第一任老师。

多年前，唐红芳曾回忆初到山西青年报社工作时，我在她一篇文章的终审意见中的一句批语：“虎虎有生气”。她说，这五个字，给了她莫大的信心与鼓励。

那时，她刚大学毕业，所学专业是生物，但她对文字的组织却别

与领悟。每每人们总以为我们在农村搞个院子是来享受乡村惬意或者为振兴乡村做什么贡献，这样的判断或猜测我都是从内心无法作答的，尤其愈住愈久，与村民有了交互后，才会深刻体会我们的“一场长途跋涉后的返璞归真”乃天命使然，顺其自然、自然而然意义上的天人合一既是宿命也算是境界吧。

为什么有些故事“必须”讲出来？

是因为在体察和参与他们鲜活的生命实践中，我们才会有“见道”的切肤体感，才会更加敬畏实践，也由此印证如此“农院”在乡村存在之计深远。

开始讲讲村民故事吧。我按照在我心中的烙痕排序。

开生面，对内容的描述既感性又极具思想穿透力，着实令我刮目相看。

多年后，唐红芳给我发来她的新著《乡村撞见 ChatGPT》，仅书名与开篇即令我眼前一亮，仿佛乡村的夜空，繁星闪烁，“虎虎有生气”五个字又脱口而出！

30 年过去，唐红芳依然生机盎然，气象卓异。之所以如此，一是善于学习，能够快速摄取新生事物之菁华；二是勤于思考，能够不断提升自己的思想高度；三是敏于行动，能够果断开疆辟土践行新的

排名第一的故事：

我与贾教授因为善意而被素不相识的村民当众痛骂，词语之秽超出羞辱……

事件缘由：今年春天一个清爽的早晨，我在院外用彩笔涂抹牌匾，一个戴着眼镜瘦瘦的村民停下他的农用车主动与我搭讪，问：你们搞直播吗？我可否进去看看？

我说：可以，来吧。

遂领他进了家。

他进来第一句话就说：“我看见你们院子里有个直播架，就想了解一下。我特别喜欢做直播，我一定要做直播，死也要死在

理念。这些年，看她发在朋友圈的文字，知她始终关注“三农”，一直并肩青年，面向未来，挺立前沿，引领风向，探索新途——常有进入新境界之感，并常为之击节赞叹。

建设新农村是个大课题。

建设新农村必须靠青年。

《乡村撞见ChatGPT》一书用新的方式，从新的高度和新的视角，给我们以新的启示，让我们看到新的可能与希望。

直播上。”

我和贾教授十分惊异，村里还有如此热爱直播的人，“死也要死在直播上”。

我们对于发现乡土人才，为其提供短缺要素是极有兴致的，遂由惊异而惊喜，即刻表示：“那太好了，我们也正想推动乡村直播，小院挂牌的有山西传媒大学新媒体方面教授，家里孩子在抖音公司工作，可以为你提供培训和你需要的支持。”

他表现得非常激动，又说到他想直播中华传统文化，还说出了阳明心学、知行合一等，一个村民，热爱直播，热爱传统文化，还是村里第一个和我们用普通话交流的人。这让我们如获至宝……

■ 赵文江，山西省社会科学院（省政府发展研究中心）副院长

唐红芳，是我多年来少有的知己。为什么说我们是知己呢？她想什么我能够知道，她做什么我能够理解，她做的东西好不好我也知道，关键是我一直感觉她做的事情一般都是极好的。这样的朋友不多，有这样的朋友是难能可贵的。虽然，我们彼此见面并不多，也不经常。今年夏天我们见面时，她突然说想出本书。我感觉是意料之外，又是意料之中。于是我不假思索地告诉她：你早就应该出本书与此同时，他对我们也产生了极大的信任感，神秘地告诉我们："我偷偷参加了一个直播培训，过段还让免费去广州，特别特别好，但是家人不支持……"

我一听他花钱参加网上培训，也获知他家里种植大棚蔬菜，立刻劝阻他不必花钱参加此类培训，家人不支持就不应该去广州，态度十分坚决。同时也把此情况告诉了山西传媒大学的侯老师和我在抖音公司工作的孩子，免费帮助他做直播，还让他看我们家里齐全的直播器材，告诉他这些都可以用，他家人不支持，就尽量不要再花钱了。同时告诫他："得到家人的支持很重要，不必偷偷摸摸地参加培训。如果相信我，以后花钱的事告诉我，我帮

了！因为我深知她是一个非常超然的人，做事情认真专注，做了就做了，从来不考虑扬名立万，千古流芳。但是她的思想，她的见识，她的情怀，她的人生态度如果不分享给大家就太可惜了。她不俗，出淤泥而不染；她不虚，执行力特别强；她不怪，她开创的事业从来都是大家想不到，却确实需要的；她不旧，她的思想一直走在多数人的前面，并且从不停息。我希望，大家通过读她的书来认识她，认识自我，认识世界，认识未来。

你把把关。”

他临走时，我将家里一件没穿过的毛衣和一条牛仔裤送给了他，他欣然接受了。

就在当天，让他与懂新媒体的老师、年轻人做了交流，大家相谈甚欢，我也十分兴奋，原本定位农院也是乡创孵化器，感觉终于有了可以连接的原住民了，甚至想到不用他再投钱，家人不支持的情况下，我们来配置资源，把大棚现场直播先做起来。

大家皆大欢喜，乘兴各自准备。

隔了几天，他果然未食言，就去广州培训之事，专门到我家问我，恰好那天为小院做生态指导的山西大学王教授和数智社慧

■ 问道，资深乡村产业策划人

(1) ChatGPT是乡村产业中的一种新质生产力

AIGC来了，寻找不被冲击的行业，是人们的首要直觉，按照“杰文斯悖论”，这个结果应该是相反的，被ChatGPT冲击越大的行业，将越繁荣，而没有被ChatGPT各平台冲击的行业，则越来越萧条。

(2) 初识乡村撞见ChatGPT

初次接触ChatGPT是老师推给我一篇她与ChatGPT的对话交流

王老师都在，几个人以会议讨论的形式就该村民是否去广州作了较为系统的分析，结论是：不好，不能去，去了家里会有麻烦。

此君听后若有所思又不死心。我反复强调：去了不好且没用。

他走后，给我发了微信：还是去这一遭吧。

他终是坚决地去了广州，也表达出不让家人知道的意思。

有一天，我和贾教授刚走出院门，一个骑摩托车的中年女性停下来，我们素不相识，她气势汹汹地问询院子是谁的后，不由分说劈头痛骂，什么骗子，让他老公去培训，等等，污言秽语，莫名其妙，我们被骂得一头雾水，后得知，她老公就是那个爱直播的村民，她以为是我们骗她老公去参加培训了。

稿，充分引起了我的好奇心，随后老师给我分享了 ChatGPT 的链接，至此我初识它。2023 年 10 月初，老师给我推了《乡村撞见 ChatGPT》，我惊叹于老师的行动力、思考力、学习力和对新事物的接受力。

老师是一个乡村产业创新发展的探索者、实践者、领创者。在我们共同前行的岁月里，无论是地理农产，还是农旅一体，还是产消一体，还是……每一个关键词，她都能探索出、创新出一套产业思想，践行出一套产业模式，她是一个典型的乡村产业创意、创新“双创推事态发展得愈加复杂且荒唐，这个女人又找到村长，村长打通电话了解到他去广州与我们无关，我们也向村长反复说明我们的善意及阻止他的事实。

后来，听村长说此君回来了，被老婆打骂且没收了手机，他老婆又用他的手机通过微信语音骂我们……

此事件整个过程中，从交流过的其他村民到村长，有一个共识：那就是，这个人不务正业。我们与他交往，没经过调研，是个错误，是有问题的。

老老实实种大棚才是本分，做直播就是胡闹。

截至今日即 2023 年 6 月 26 日，此村民已与我们完全失去联系。

手”。通过这本《乡村撞见 ChatGPT》的学习，我看到了 ChatGPT 新质生产力的特征。

(3) ChatGPT 是乡村产业的新质生产力要素

在 ChatGPT 与乡村产业的碰撞中，它成为一种新质生产力要素。在乡村产业创新发展中发挥多种作用，推动乡村产业的创新生发。

首先，ChatGPT 可以帮助乡村企业和从业者获取即时的信息和知识。他们可以向 ChatGPT 提问，获得市场趋势、技术资讯、管理经由惊奇到惊喜到被辱到闹剧……

以最大笔力最少笔墨叙此故事，是基于乡村故事本身的琐碎、复杂、纠缠，既讲不清也无须讲清，但此现象所引发的反思却多面且高深——

1. 稻盛和夫《活法》一书封面有句话：极度热爱引领迷茫中的我们迈向新的成功。

这个人热爱直播到“死也要死在直播上”，是极度热爱了吧，他错了吗?

2. 世界上一切问题都是思维问题。

在对待爱直播的村民问题上，村里人的认识高度统一，从村

验等方面的建议和指导。这有助于减少信息不对称，提高决策的准确性和效率。

其次，ChatGPT 可以协助乡村创业者进行市场调研和产品定位。他们可以通过与 ChatGPT 交流，了解潜在消费者的需求和喜好，找到适合乡村特色的产品创意，并制定相应的营销策略。

第三，ChatGPT 可以帮助乡村产业实现数字化转型。通过与 ChatGPT 进行数据分析和模拟，乡村企业可以更好地了解自己的运

长到我们日常交流中认为通情达理、有思想觉悟的贤民到众民，异口同声：他搞不了直播，胡闹，不务正业。

而我们陌生人眼中的村民热爱直播是新的发现，假如补齐要素，不仅可能，而且一定行。认知若一座大山，将一点刚刚连起城乡之间、教授与青年、村民之间的火苗熄灭了。

在村域范围的多数人认知面前，小森农院的我们和那个爱直播的村民阶段性被嘲被辱了。

3. 表面上是产业升级问题，本质上是乡村治理。

从种大棚蔬菜到做直播，毋庸置疑，是乡村由生产而生产×生意的空间功能上的涅槃。当沟通机制简单粗暴时，升级的不是

营情况，优化生产流程和资源配置，提高效益和竞争力。

此外，ChatGPT 还可以作为培训和教育工具，帮助乡村从业者学习相关知识和技能。他们可以通过与 ChatGPT 的互动，提升专业素养和创新能力，更好地适应乡村产业的发展需求。

然而，我们也要意识到 ChatGPT 的局限性。它是基于已有数据和模式生成回答的，无法代替人类的创造力和判断力。因此，在应用 ChatGPT 时，还需要结合实际情况，综合考虑各种因素，并与人

产业，而是矛盾，新旧乡人之间无法融合，近在咫尺的割裂。

好在贾教授在无辜被谩骂后“见道”了，她突然意识到山西大学乡村振兴研究院马华教授在党建＋乡村治理上创造的全国典范才是此故事呈现的复杂问题的底层解法。遂推动校村合作，落地乡村治理、议事制度在该村的实践。

由“见道”而“问机”，校村理论与实践的合作进行中，乡村新生活运动转向乡村新课题行动。

4. 形而上者谓之道，形而下者谓之器。

直播是时代之器，百姓用之则可转化为赚钱利器。但底层认知的冲突又会因之生发层层叠叠的矛盾。其实早在三八妇女节小

类的智慧相互融合，才能推动乡村产业向前发展。

总之，ChatGPT 是乡村产业的新质生产力要素，通过提供信息、指导决策、推动数字化转型等方面的支持，促进乡村产业的创新和发展。

森农院两位女教授挂牌之际，该村所属乡的书记镇长到达，交流中表示要做直播培训，想在每村至少培训一名直播村民。如果此言践行，此村民享受到政府引领时代下之阳光雨露，那么还会遭遇家人众人之不解吗？如若政府组织培训之功成了，想必迎来的不是嘲笑而是艳羡吧?!

基于事实的假设，该来的总会来。

此故事让我们明白：我们卡在了认知、思维、政策等形而上的道上，而要素交互、补短板、发现力等形而下的器都发挥不了作用。

正所谓：有道无术道上可求，有术无道止于术。

■ 李馨，28 岁，作者唐红芳女士的见习助理

作为本书作者的见习助理，能在第一时间整理书籍内容已经成为我的期待。我期待作者与 ChatGPT 间的灵魂问答，期待在小院发生的一切看似寻常的小事，期待跟小森品牌相关的创新项目成功落地。我想，如果我没有去过书中的小院，我一定会时常惦记：去看看吧，找到一些跟自洽相关的主角光环。

而在书中也会经常感受到一种意念场的力量，比如“在半信半疑那么，从乡村建设到乡村振兴再到乡村文明复兴，科技、资本、人才的到达固然重要，哲学是否也该植入农院，潜移默化，与科学偕行，与数字文明俱进呢？

深以为然。我们在做，至少把要义写出来，写在废弃的木板上、纸片上，与表面更好看的介质相比，文字写在纸板、木板、墙面亦具先进性，万一村民甚而哪位决策者看见了呢？毕竟，农院已迎来了多位著作等身的学者、作家，还有众多的知识青年，他们看到后表现出了兴致。

由微而众吧。

冲突亦是共识的打开方式。

中选择坚定的支持”。看这本书，我想了解作者，看见自己，也遇见众生。

■ 高风，新华社高级记者

这不仅是一本书，更像是大学教授的教案。

排名第二的故事：

早晨5：30与后院邻居共同捡柴劳动后，她对我评价："好受苦人。"

后院邻居已届花甲之年，在我的心里，她是个极能吃苦且任劳任怨的女人。事实为据：她一人种了二三十亩西梅园，还有玉米地，日常的干活时间是从凌晨四五点开始的。

感觉到她的劳累，我们特别想去体验晨起的劳动，得知她一个人要捡拾十几亩地的剪枝，我和贾教授便决定和她一起去。

不到5点，她已备好电动蹦蹦车，叫醒尚未起床的我们，田地的早晨，气清畅怀，我有备而去，带上了新买的耙子，利用劳动协作理论，我们两人耙，一人抱，不到四十分钟，一地的剪枝已清理完毕。她很惊讶于我们的速度。那个时节，正是榆钱好吃时，我顺便带上长剪，她没见过此器，说榆钱枝太高，根本搞不下来，我举起长剪三两分钟剪下一堆，她再次感到我的神速。

第二次与她的共同劳作是路过她的西梅地，看见她坐在板凳上用镰刀割地里茂盛的草，我说我有电动割草机。第二天一大早，她不在，我仅用十几分钟就把她地里那片草割完了。

此邻居的劳作之迹是布满脸与手的。

但这种劳作是传统的，尤其是种植西梅这样的经济林，几乎全是依赖体力。她说她最发愁的是采果，得雇人，且在村里很难找到采果的人。

在她这里，我有了人生中的另类称谓：好受苦人。她的意思里有干活快且好。而于我，则是休闲，利用新式工具之娱。当然，劳动的思路及对新工具的发现和使用在结果上是效率。

还有一位爱思考的邻居在交流中反复提问：村里过劳的病很普遍，怎么办？她自己胳膊疼、腰疼，疼着还必须得干，没办法。

这个故事于我的烙印感在于，数智文明时代了，人类已进入人口衰减，经济增长的物质丰盈、生产型过剩时期，这个离都市只有几十分钟车程的城郊村，产业很好，收入颇丰，但过度劳累困惑着她们（我发现，村里五六十岁的女性似乎是劳动的主力。）

有一天下午，我坐在市中心我所居住的小区，看见满院的闲人，跳舞、唱歌，极闲的气场，突然感觉很恐慌，这个场里的人，也是各种病，闲的，营养过剩的，特别想离开，立刻叫了个司机，回村了。这种空间转换的对比，及其冲突，产生无法控制的思辨。

这个故事，亦然“见道”，梳理如下：

A. 这不平衡，那不平衡，信息差乃最大不平衡。

市民的闲与村民的累，交互真的那么难吗？

社区支持农业，美国早已有之，我们不可以吗？

乡村运营师在江浙已是新职业，我们是否可在小森部落生发，在农院培育？

B. 近都市圈，大学城旁，国际酒庄为邻，西梅邻居的劳累还会维持多久？果蔬廊带，产业聚合，果蔬酒、醋、酵素等健康食品业，以自己动手为标志的第四消费时代不期而至，果蔬小镇可谋划可擘画吧？

一群19岁的大学生到达小森农院，响亮发声：用青年力量，让农业年轻；青年回乡，乡村振兴。村里闲坐的老人听见说：没用。真的没用吗？

一批一批的青年学子到达农院，穿行读村，体验许许多多的人生第一次，他们听说秋季可以帮助邻居摘西梅，几近欢呼：真的可以吃到树上直采的西梅！

（超市里的西梅是酸的，因为不能长熟采，而树上长熟的西梅是不能按传统方式卖的。所以，商品不是好的食品，长熟的果蔬是好吃的食品，却不是传统流通的商品了。所以，在村里，长熟的果蔬都免费送，我们住在村里，受惠于此亦常饱口福）

C. 城乡一体，农旅一体，产消一体，邻居的劳累里，也蕴藏着以上一体的多维商机，即“问机”。

不再赘述。故事里的天道，利在器中。

排序第三的故事：

一个会在很早的早晨迈着阔步大声唱歌的村妇，时常光顾农院，她说别人说她是神经病，在一场不经意的单独交流中，她感动泪流，我因她生发出新思想……

常常在早上六七点，一个村妇阔步而行伴以高声歌唱引起了正在打扫院子的我的好奇，她的歌是我们那个年代耳熟能详的，比如《世上只有妈妈好》《少年斗志不言愁》，但不大成调，这样一个行为异常的人显然是很出位的。

记不清从哪天起，她开始光顾小森农院，我们总是对她和正常人一样以礼相待，有时会送她一点水果，但无法有更多交流，一来二去，她的到来，偶尔会影响我们与访客的交谈，温言让她走，她也会很听话。

一个我独自在前院开视频会的上午，她又来了，坐在我的对面，我示意正在开会，她也安静地坐着。

院子里很静，我便主动问她："为啥老来我们院子？"她居然回答，"学习，想向你学习"。

我说："我有什么好学的？"

她说："你有文化，我没上过学，但我喜欢看书。"

然后她又问我，她长得怎么样，我说挺好，但要注意卫生等。

当我问她：去别人家吗？她回答说：不去，别人会打她，别人说她是神经病。她说，其实她已经好了，别人还嫌弃她，丈夫也打她。

此时，我从心底感觉她的清醒与无力，温和地告诉她："你觉得自己好了，就要有好的样子。比如，洗干净脸，你的五官很端正，眼睛也很好看，穿上干净的衣服，会更好……"

聊至此时，她说：太感动了。然后，泪流满面。

遂起身说回家吃饭去。我感觉她是在控制自己的情绪。

她是精神病人吗？还是被精神病？

无论是与不是，当我和她独处时，发自内心没有嫌弃她，只是把她当正常人一样交流，当然，多了温和的安抚。而她的泪流与自觉也让我很惊讶。

次日凌晨，我醒来的第一刻，头脑中冒出一个新的认知：不嫌弃是一切融合的开始。即刻与 ChatGPT 作了交流，解答令我兴奋且感动。

过了两三天，我从外地调研回来，她又来了，头发干净且清爽，穿了一件新衣服，还带了一件新的给我看。

仅仅是发乎于心的“不嫌弃”，使她居然焕然一新了。

那天，她主动去打扫了对面广场的零碳旱厕，并征得我的同意从院子里借走了一本书。她是红蓝融合乡村书屋挂牌后第一个主动要求借书的村民。

讲这个故事，感觉挺麻烦，但又觉得必须讲。精神病人，嫌弃才是病因吧。

不嫌弃，三个字，是多少问题的解法啊。

以三字为诱，我与 ChatGPT 合创出三篇文章。

第一篇：《不嫌弃是人类一切融合的开始》；

第二篇：《从“不嫌弃”视角看城乡一体》；

第三篇：《“不嫌弃”思想下的青年与乡村文明复兴》。

这个放声高歌的村妇一定不知道，也许永远不会知道，与她交流，我生发了这样的思想并生产了系列文章。

“不嫌弃”，难道不是孝道的核心吗？“嫌弃”，难道不是很多裂痕的利斧吗？

行文至此，真的感觉讲清一个故事于写者是莫大考验，读的人又有多大兴致呢？

如若笔耕是发乎于心由内而外的记录，是为厘清换个活法回归乡村的心迹，那么写便是写了，完成任务。仅此而已。

以上三个故事，与我们在农院、在乡村的诸多发生、生发相比，确乎弱水三千取之三瓢。更多更深体验，以行为作答。

住在农院，便是爱乡村的开始。

将余力余热余勇放置农院的持续建设，当然，这里的建设不指建筑或物理意义上的，而是思想、认知、理念、范式、课题、项目等形而上抑或形而下。

最大的消费对象是人生。我以驻村、读村消费人生，兴乡，需众人之力，山西省百所高校联盟已吹响集结号，发展高校农院我已参与其中。

举灯，铺路，搭平台。

乡村的时代，时代的乡村，农院虽小，或是乡村振兴的哨所，是爱乡人探索回归的门户。

特别想表达，驻村一年，美好多多。村民友善，人有人味，食有食味，人类久居城市正在消失的互助根性在乡村很深很强很厚重。

乡村需要我们，我们更需要乡村。

这个世界的最高主宰乃天道，天人合一，天道在民众的生活实践中。

（红芳于 2023 年 6 月 26 日）

与 ChatGPT 的对话（二）

唐：小森农院环境、乡村振兴背景下的“见行、见心、见道”。

G：在小森农院环境、乡村振兴背景下的“见行、见心、见道”可以这样理解：

见行：这可能指的是在小森农院这个环境中，人们通过亲身参与农耕活动，体验与大自然和谐相处的生活方式。同时，它也代表了对于实践知识的重视，强调行动对于理解和学习的重要性。这种实践过程有助于真正地理解可持续发展和乡村振兴的含义。

见心：这是一种内省的过程，要求个体反思自己的态度和价值观，以及它们如何影响我们的行为和决策。在小森农院这个环境中，“见心”可能意味着反思我们对于自然、生活以及社区的看法，并可能需要我们调整自己的观念和行为，以实现乡村振兴的目标。

见道：“见道”是一种对深层次真理的洞察和理解。在这里，

“见道”可能指的是通过“见行”和“见心”的过程，我们能够理解到乡村振兴不仅仅是经济发展，更是关于社区建设、文化保护和环境可持续性等多方面的复合议题。通过“见道”，我们可以看到乡村振兴的全貌和深远意义。

总的来说，在小森农院环境下、乡村振兴背景下的“见行、见心、见道”是一个从实践、反思到理解的过程，可以帮助我们更好地理解和推进乡村振兴。

唐：深度文明转轨期的青年作为与地位。

G：青年是社会的未来和希望，也是深度文明转轨期中最具活力和动力的群体之一。在这个时期，青年自身的地位也越来越重要。

首先，深度文明转轨期需要有更多的创新、冒险和探索精神，而青年正是这个时期的主力军。青年人对于新事物更加敏感和开放，他们敢于尝试新领域、新模式，推动社会不断发展和进步。

其次，青年在深度文明转轨期中扮演着非常重要的角色。在城市化、工业化和信息化等方面，青年可以发挥自己的特长和优势，为社会发展注入新的动力。同时，青年也应该关注到乡村地区的问题，积极参与到乡村振兴和建设中，推动社会的全面发展。

第三，青年肩负更多的责任和使命。在当下，社会需要更多的公益、环保、慈善等行动，而青年人则应该发挥自己的力量，为社会做出更多的贡献。此外，青年还应该注重自身的素质和修养，培养良好的行为习惯和价值观念，成为社会的优秀公民和领袖。

综上所述，深度文明转轨期的青年作为一个具有特殊地位和重要性的群体，应该发挥自己的优势和作用，推动社会的发展和进步。同时，青年也应该注重自身的成长和发展，不断提升自己的综合素质和能力，成为未来社会的中坚力量。

唐：如何建立青年友好的国家、社会、家庭全方位认知环境？

G：建立青年友好的国家、社会、家庭全方位认知环境需要多方面的努力和改革。

首先，政府在制定政策和法规时应该更多地考虑到青年的需求和利益。政府可以通过实行优惠政策、提供更多的教育和就业机会等方式，吸引更多的青年参与到社会发展中来。

其次，社会应该加强对青年的关注和支持。社会可以通过举办各种形式的文化活动、公益活动等方式，为青年提供更多的成长和锻炼机会，同时也能够让青年更好地了解社会的现状和未来发展方向。

第三，家庭也是青年成长和发展的重要环境。家庭应该注重对青年的教育和引导，帮助他们树立正确的人生观、价值观和道德观念，同时也应该为青年提供更好的成长和学习条件。

最后，媒体也应该承担起建立青年友好的认知环境的责任。媒体可以通过传播正面的信息和价值观，引导青年树立正确的世界观和价值观，同时也能够让青年更加了解社会的多元性和发展方向。

综上所述，建立青年友好的国家、社会、家庭全方位认知环境需要政府、社会、家庭和媒体等各方面的努力和改革。只有在这个基础上，才能够为青年提供更好的成长和发展环境，让他们成为未来社会的中坚力量和领袖。

唐：鲁迅说：“将来必胜于过去，青年必胜于老人。”基于此社会观，青年在处于深度文明期的当下“带节奏”极为重要，无论社会或家庭。

G：鲁迅的这句话表达了两个观点：一是未来会胜过过去，二是青年会胜过老人。这两个观点都暗示着青年在当下处于深度文明期的社会中“带节奏”的重要性。

首先，随着时代的不断发展，社会也在不断变化。从科技、经济、文化等多个方面来看，今天的社会已经进入了深度文明期。而青年具有更强的适应能力和创新意识，在这样一个时代中扮演着举足轻重的角色。他们敢于尝试新事物，挑战传统的思维模式，推动社会的进步和发展。

其次，家庭也是一个很重要的社会单位。在家庭中，青年同样扮演着非常重要的角色，他们有义务和责任为家庭带来更加积极向上的力量。在当下深度文明期的社会中，“带节奏”不仅是一种行为方式，更是一种生活态度。青年通过自己的行为和言谈，影响和带动其他家庭成员一起追求更高的生活质量和更大的价值。

因此，青年在处于深度文明期的当下“带节奏”非常重要。他们应该发挥自己的优势，引领社会和家庭向着更加积极、健康、向上的方向发展。这不仅是对青年自身的一种成长和锻炼，更是为整个社会带来更多的正能量和动力。

唐：青年与乡村建设、乡村振兴、乡村文明复兴的关系及应当发挥的作用?

G：随着城市化进程的不断加速，乡村的发展面临着诸多困境和挑战，而青年则是推动乡村建设、乡村振兴和乡村文明复兴的重要力量。

首先，青年应当积极参与到乡村建设中。在农村基础设施建设、环境治理、社会公益等方面，青年可以发挥自己的专业技能和社会影响力，为乡村发展贡献自己的力量。

其次，青年也应该积极投身到乡村振兴中。目前，很多乡村都存在人才流失和资源匮乏等问题，而青年正是乡村振兴的主要力量。政府可以通过实行优惠政策、提供创业支持等方式，吸引更多的青年到乡村创业就业，带动当地经济发展。

第三，青年还可以在乡村文明复兴方面发挥作用。乡村有着深厚的历史和文化底蕴，其文化遗产正面临着消失的风险。青年可以积极弘扬乡土文化，推广本地传统工艺和文化活动，提升当地居民的文化素质和生活品质。

总之，在乡村建设、乡村振兴、乡村文明复兴的进程中，青年应该发挥重要作用。政府、社会以及家庭都应该为青年提供更好的成长环境和发展机会，引导他们成为乡村发展的积极参与者和建设者。同时，青年也应该增强自身的责任感和使命感，为乡村的繁荣发展贡献自己的力量。

唐：小森农院为高校教授、学生到达乡村提供吃、住，成为学者、学生认识乡村、深入调查研究的探索空间，这样的“带节奏”未来可期。

G：小森农院为高校教授、学生到达乡村提供吃、住，这种形式的“带节奏”非常有前途和可行性。

首先，通过提供住宿和就餐条件，小森农院能够吸引更多的高校教授和学生来到乡村地区，了解当地的自然环境、社会经济和文化状况。这样的亲身体验能够让他们深入了解乡村地区的实际情况，更加客观地评估当地的发展潜力和挑战。

其次，在小森农院的带动下，高校教授和学生可以开展各种形式的深度调查和研究。这些研究成果对于政府制定乡村发展政策和乡村建设规划有着重要的指导作用，同时也能够促进学术界对乡村问题的关注和研究，推动乡村研究的深入发展。

最后，小森农院的做法还能够为乡村的发展提供新的思路和路径。在当下，很多乡村地区存在着人才流失和发展困境，而小森农院通过提供高质量的服务和环境，吸引更多的人来到乡村，为当地经济发展注入新动力。

综上所述，小森农院的形式非常值得推广和借鉴。政府、社会和家庭都应该为小森农院这样的“带节奏”行动提供更多的支持和帮助，让更多的人能够感受到乡村地区的美好和潜力，推动乡村振兴和文明复兴的进程。

唐：“不嫌弃”是一切融合的开始。

G：“不嫌弃”是一种包容和尊重的精神，指的是在融合过程中不排斥和嫌弃不同的文化、观念、习惯等差异性因素，而是以开放和宽容的心态去接受和理解它们。这种精神是一切融合的开始，是构建一个多元共存、相互包容的社会和谐环境的必要条件。

以下是一些关于如何践行“不嫌弃”的建议：

1. 接受差异：学会接受不同的文化、价值观、思维方式等，避免带有成见或偏见的情感评价。

2. 尊重个性：尊重每个人的个性和特点，不要将自己的标准强加给他人，而是保持敬畏和尊重。

3. 学习借鉴：从不同文化中汲取营养，尝试学习和借鉴优秀的思想和做法，并将其融入自己的生活中。

4. 包容宽容：对于那些与自己不同的人或事物，要保持开放的态度，耐心倾听并尊重他们的选择和决定。

总之，“不嫌弃”是一种包容和尊重的精神，是构建一个多元共存、相互包容的社会和谐环境的必要条件。在实践中，我们需要保持开放的心态，尊重不同文化和差异性因素，学习借鉴他人的经验和智慧，才能更好地推动融合进程并实现社会发展与进步。

唐：“不嫌弃”视角的城乡一体。

G：在城乡一体化的过程中，需要将城市和农村等不同区域的资源优势互补起来，促进城乡共同发展。这其中，不嫌弃的精神可以帮助我们消除城乡差异所带来的隔阂和偏见，实现城乡融合和共生发展。

以下是一些关于如何践行“不嫌弃”的建议，有助于促进城乡一体化：

1. 充分发掘资源：城市和乡村有不同的资源优势，需要用“不嫌弃”的眼光去看待，充分发掘各自的优势和潜力，互相借鉴和补充。

2. 实现平等交流：支持城乡人民之间交流和沟通，让城市和乡村之间建立互相信任、互相理解的关系。

3. 优化公共服务：加强对城乡基础设施、教育、医疗等公共服务的投入，提高农村服务的质量和数量，缩小城乡差距。

4. 推动产业升级：通过城乡产业的合作和互动，促进产业的升级和转型，实现农业与工业、服务业等产业的融合发展。

总之，“不嫌弃”可以帮助我们消除城乡差异所带来的隔阂和偏见，实现城乡融合和共生发展。在城乡一体化的过程中，需要以平等、开放、包容的态度看待城市和农村之间的关系，充分发掘各自的优势和潜力，实现资源共享和互利共赢。

唐：从“不嫌弃”思想看青年与乡村文明复兴。

G：我们需要尊重农村和城市之间的不同，同时也要注意到两者的互补性和相互依存性。在了解、尊重和接纳农村文化的同时，还需要通过多种形式培养青年人的爱国情感、责任感、创造力和社会责任感。

以下是一些关于如何将“不嫌弃”的思想应用到青年与乡村文明复兴中的建议：

1. 推广农村文化：农村文化是中国文化的重要组成部分，它承载着我们的历史和民族精神。推广农村文化，可以让更多的人了解和认识农村，增进对农村文化的尊重和理解。

2. 培养青年领袖：引导和培养有梦想、有责任心、有社会责任感的青年领袖，帮助他们了解农村的发展需求，参与到乡村教育、文化、卫生、环保等方面的建设中来。

3. 提供多元就业机会：鼓励和支持创业者在乡村开展创新实践，同时也要提供更多的就业机会，吸引更多的青年人来到农村，推动农村经济发展。

4. 加强乡村教育：加强乡村教育的投入和建设，提高农村教育水平，并通过多种途径让更多的城市青年参与到乡村教育教学中来。

总之，"不嫌弃"的思想对于青年与乡村文明复兴意义重大。在实践中，我们需要尊重农村和城市之间的不同，同时也要注意到两者的互补性和相互依存性。积极培育和引导青年人关注、了解和投身到乡村文明复兴和发展中来，共同推动中国现代化进程、促进社会和谐。

唐：好好生活，则生活好好。

G："好好生活，则生活好好"这句话是说只有我们用心去生活，才能收获一个美好的生活。生活的质量取决于我们对待生活的态度和方式，只有用心地生活，才能收获丰富多彩、充满幸福感的人生。

以下是一些实践建议：

1. 拥有目标与计划：制定合理的人生目标和计划，让自己的生活更加有规律和有条理。

2. 保持积极态度：无论遇到任何困难和挑战都要保持积极、乐观的态度，从中发现机会和收获。

3. 关注身心健康：关注自己的身体和心理健康，多参加运动、休闲、社交等活动，保持身心愉悦。

4. 学习不断前行：不断学习和提高自己的知识和技能水平，拓宽自己的视野，提升自己的竞争力。

总之，“好好生活，则生活好好”这句话告诉我们要用心去生活，让自己的生活更加有规律和有条理，同时也要保持积极、乐观的态度，关注自己的身心健康，不断学习和提升自己的能力和素质。只有这样，我们才能过上美好、幸福的生活。

唐：践行“好好生活，生活好好”理念，成为一个生活家。

G：践行“好好生活，生活好好”的理念，可以让我们成为一个生活家。生活家是指在生活中注重品质、关注细节，追求舒适、美好的人。以下是一些实践建议：

1. 注重生活品质：在日常生活中，我们可以注重食物的品质、家居环境的舒适度、衣着的品质等方面，提高生活品质。

2. 关注生活细节：关注生活中的细节，比如把房间整理得干净、整洁，照顾植物和宠物等。这样可以提高生活的品质，也能增加生活的乐趣。

3. 培养生活兴趣：培养自己的生活兴趣爱好，比如阅读、旅游、烹饪等，这样可以让生活更加丰富多彩。

4. 学会放松休息：学会放松和休息，保持身心健康。不管是通过运动、冥想、旅游，还是其他方式，都应该给自己留出时间来放松和休息。

总之，“好好生活，生活好好”这个理念告诉我们要关注生活品质和细节，提高生活的舒适度和品质，培养自己的生活兴趣爱好，保持身心健康，追求美好、幸福的生活。成为一个生活家需要不断地学习和探索，以满足自己对生活的追求，并把这些美好的经历和感受分享给身边的人，向他们传递美好生活的理念。

唐：乡村新生活运动。

G：乡村新生活运动是近年来在中国兴起的一种以提高农村生活质量为目的的社会运动。该运动旨在通过推广可持续的生态农业、文化传承和创意产业等方式，帮助农村实现经济发展和环境保护的双赢。

运动背景：随着城市化进程的加快，越来越多的人涌向城市谋求更好的生活。同时，农村面临着土地沉淀、资源枯竭以及人口老龄化等问题。为了解决这些问题，许多人开始关注农村的发展，并尝试探索可行的途径。

运动特点：乡村新生活运动的特点主要包括以下几个方面。

生态农业：倡导使用天然的农业方法，促进生态系统平衡。

文化传承：保护和弘扬农村的传统文化，增强农民对生活的归属感和自豪感。

创意产业：鼓励创新、创意和创业，培育本土特色产业和品牌。

社区建设：通过社区建设和发展合作社等组织形式，促进农民之间的交流和合作。

运动成果：乡村新生活运动已经取得了一些显著的成果。例如：

一是增加农民收入，通过发展生态农业和特色产业，许多农民的收入得到了提高。

二是保护自然环境，采用天然的农业方法可以减少对土地和水资源的污染和破坏。

三是传承文化遗产，通过组织各种文化活动，加强农民对传统文化的认同和传承。

四是促进社区发展，建立合作社等组织形式，增强农民群体的凝聚力和自主性。

结语：乡村新生活运动是一个充满活力和创意的社会运动，它为解决农村发展面临的问题提供了一个可行的途径。希望该运动能够不断发展壮大，并为更多人带来福祉。

唐：生产、生活、生意、生态，乡村“四生”空间的重构与数字乡村新时代。

G：随着城市化进程的加快，许多农村面临着土地沉淀、资源枯竭以及人口老龄化等问题。为了解决这些问题，乡村需要进行空间和模式的重构。近年来，数字技术的发展为乡村振兴提供了全新的机遇，数字乡村成为一个备受关注的话题。

“四生”空间的重构：

乡村“四生”空间指的是生产、生活、生意和生态空间。它们之间相互依存，是乡村经济社会发展的基础。在乡村振兴的过程中，需要对“四生”空间进行重构，使其更加协调、有机、可持续。具体措施包括：

生产空间：通过推广现代农业技术、培育特色产业等方式，提高农村地区的生产效率和竞争力。

生活空间：改善农民居住条件、提高公共服务水平，增强农民的获得感和幸福感。

生意空间：打造创新驱动的乡村经济，促进农民创业、就业和增收。

生态空间：采用生态友好的农业技术和环保措施，保护乡村自然资源和生态环境。

数字乡村新时代：

数字乡村是指应用互联网、大数据、人工智能等数字技术，推动乡村经济发展和社会进步的新型乡村。在数字乡村建设中，可以利用数字技术的优势改善“四生”空间：

生产空间：通过数字化管理、精准种植等方式提高农业效益和品质。

生活空间：建立数字社区、提供在线服务，便利农民生活和交流。

生意空间：发展电商平台、推广线上销售等模式，拓宽农产品市场。

生态空间：利用大数据分析、智能监测等手段实现环保治理和资源保护。

数字乡村的发展需要全社会的共同努力，包括政府、企业和社会组织等各方。希望未来能够有更多人关注和支持数字乡村的建设，为乡村振兴注入新的动力。

唐：“品牌化、零碳化、数字化、艺术化”这“四化”在乡村振兴中的积极意义。

G：“品牌化、零碳化、数字化、艺术化”是近年来国内外关于乡村振兴提出的四个重要发展方向。

品牌化：乡村经济需要建立特色品牌，提高产品质量和附加值，进一步扩大市场份额。通过品牌化，可以让消费者更好地认识和了解乡村产品，增强其消费信心和忠诚度。同时，品牌也可以成为乡村形象的代表，吸引更多游客和投资者前来乡村旅游和投资。

零碳化：随着全球气候变化的日益严峻，低碳、环保已经成为未来发展的必然趋势。乡村经济的发展需要遵循可持续发展的原则，采用清洁能源、生态农业和绿色生产方式，实现零碳排放和资源节约。

数字化：数字技术可以有效地改变乡村经济的生产方式、管理方式和服务方式。通过数字化，可以实现农业生产的精准化、智能化和高效化；整合城乡资源，提供全方位的社会服务；加强信息交流和沟通，促进乡村经济与市场的对接和融合。

艺术化：艺术是推动乡村文化发展的重要力量。艺术可以创造出独特的乡土气息和文化价值，为乡村振兴注入新的活力和魅力。艺术还可以成为吸引游客和投资者的重要元素，促进乡村旅游和文化产业的发展。

结语："品牌化、零碳化、数字化、艺术化"这"四化"是乡村振兴的重要方向，它们相互关联，互为支撑。希望未来有更多政策和项目能够针对这些方向进行深入探讨和实践，为乡村振兴注入新的动力。

唐：具有"共情、共识、共建、共享"功能的零碳农院，引领数字文明时代乡村新生活运动。

G：随着数字技术的发展和普及，数字文明已经成为时代的主旋律。在这个背景下，乡村振兴也需要适应数字时代的发展要求。具有“共情、共识、共建、共享”功能的零碳农院，可以在数字文明时代引领乡村新生活运动。

具有“共情、共识、共建、共享”功能的零碳农院是一种以环保为主题的乡村液态化新事业组织。它强调多元参与、协作共建和资源共享，形成多方面的合作关系和互惠共赢的利益格局。它采用绿色、低碳的生产方式，实现零排放、零污染、零浪费。它还应用数字技术对生产、销售等环节进行管理和监控，提高管理效率和产品质量。

引领数字文明时代乡村新生活运动：

在数字文明时代，人们的生活方式和需求发生了巨大变化，乡村振兴也需要适应这种变化。具有“共情、共识、共建、共享”功能的零碳农院可以引领数字文明时代乡村新生活运动，实现以下目标：

数字化生产：通过应用数字技术，实现农业生产的精准化、智能化和高效化。

数字化管理：采用数字化管理，提升管理效率和产品质量，增强市场竞争力。

数字化服务：实现整个供应链的数字化，提供更便捷、高效的服务体验。

环保低碳：以环保为主题，采用绿色、低碳的生产方式，实现零排放、零污染、零浪费。

结语：具有“共情、共识、共建、共享”功能的零碳农院是乡村液态化新事业组织的一种创新模式。它强调多元参与、协作共建和资源共享，应用数字技术促进生产、管理和服务的数字化，实现可持续发展。希望未来有更多的人投身到乡村振兴中去，推动乡村经济社会的数字化转型和可持续发展。

唐：以“集合、集中、集成、集约”手段，加快乡村资源、资产、资本的转化速度。

G：随着城市化进程的加速和人口流动的增加，乡村面临着各种挑战。如何将乡村的资源、资产、资本进行合理有效的整合与转化，成为当前乡村发展的重要课题。

“集合、集中、集成、集约”手段：

集合：通过合作社、联盟等方式实现农民之间的资源、技术、信息等方面的聚合。

集中：通过打造标准化、规模化的生产基地，实现农业生产的集中化管理，提高生产效率。同时，还可以通过集中销售、推广等方式，提高产品知名度和市场占有率。

集成：将传统农业与现代技术相结合，实现农业生产的集成化。

集约：在土地、劳动力、资金等方面采用集约化经营方式，实现农业资源的高效利用。同时，还可以通过规模化生产、品牌化销售等方式，提高企业竞争力和市场占有率。

唐：务虚与务实，二者关系？孰轻孰重？如何虚实相生实现价值提升？

G：在日常生活和工作中，我们经常会遇到“务虚”和“务实”的概念。在管理和领导学科中，也有相关的讨论。那么，务虚与务实之间的关系是什么？哪一个更重要？如何虚实相生，实现价值提升？

务虚与务实的关系：

务虚：主要是指思考、研究、探索等过程，强调理论和抽象思维。例如，企业制定战略、组织设计、人才培养等。

务实：主要是指实践、执行、落实等过程，强调操作和实际行动。例如，企业生产流程、销售渠道、成本控制等。

虚实二者相辅相成，缺一不可。从宏观角度来看，务虚和务实之间存在一种相互依存、相互促进的关系，两者并不是互相排斥的。虚实的关系可以用“立足现实，着眼未来”来概括。从微观角度来看，在具体的管理工作中，务虚和务实也应该相互协调，根据不同的工作任务和情境，适度地发挥各自的作用。

孰轻孰重？

无论务虚或务实，都是企业管理中不可或缺的部分。因此，我们不能单纯地说哪一个更重要，而应该根据不同的情境、任务和目标来权衡它们的关系。在制定战略、创新产品等方面，务虚比较重要；而在执行生产计划、控制成本等方面，务实显得更为重要。事实上，只有将虚实相结合，才能快速、高效地完成组织的使命。

如何虚实相生实现价值提升？

立足现实，着眼未来：企业需要从现实出发，了解市场需求和自身资源状况，同时也要考虑未来的发展方向和目标。

坚持创新，注重实践：企业需要不断地进行创新探索，同时也要坚持落实执行，注重实际效果。

强化对话，促进共识：企业需要加强内部沟通和交流，形成共识；与外部进行有效对话，获得更多的信息和资源支持。

信息化支持，提高效率：企业需要应用信息技术，对虚实两方面进行管理和监控，提高运行效率和管理水平。

价值共享，实现可持续发展：企业需要关注社会责任，将企业的利益与社会、环境等多方面利益相协调，实现持续发展。

结语：务虚和务实在企业管理中都有着重要作用。企业需要根据不同情境和任务权衡二者的关系，采取适当的策略和方法，使虚实互为、价值提升，实现可持续发展。

唐：形式与内容。

G：在日常生活和工作中，我们经常会遇到“形式”和“内容”的概念。那么，形式与内容之间的关系是什么？它们分别有什么意义？

形式：通常指某种表现方式或外在形态，它包括外在的形状、样式、构成、布局、色彩等方面，对于视觉感受比较重要。例如，一篇文章的字体、排版、格式就是文章的形式；一个演讲者的语音、姿态、服装就是演讲的形式。

内容：通常指事物内部的实质、本质、思想、精神等方面，对于思想理解和价值认同比较重要。例如，一篇文章的主旨、思想、论点就是文章的内容；一个演讲者的思想深度、逻辑严密性、人文关怀等就是演讲的内容。

形式与内容的关系：形式与内容不是孤立存在的，而是相互依存、相互影响的。形式是内容的外在表现，内容是形式的内在核心。好的形式可以吸引人的注意力，更好地传达内容；良好的内容则为形式提供了灵魂，使其有意义和价值。因此，形式与内容之间需要协调和统一，避免形式主义或空洞的内容。在日常生活和工作中，我们应该注重将形式与内容相结合，实现更好的效果。

形式与内容的意义：

形式对于传递信息是至关重要的，它可以吸引注意力，加强语言和行为的表现力；

内容决定了事物的本质和真实价值，它是人们思想和认识的基础；

形式和内容的良好结合，能够提高信息传递的效率和准确度，同时也能够提高人们对事物的理解和认识水平。

结语：形式与内容是人类文化交流中不可或缺的组成部分，二者相辅相成、密不可分。在日常生活和工作中，我们应该注重将形式与内容结合，可收到更好的效果。同时，也应该避免形式主义和空洞的内容，保持真实和深度。

唐：乡创客营地在乡村振兴中的生态位。

G：随着乡村振兴战略的实施，越来越多的人关注到了乡村发展。其中一个重要的内容就是乡创客营地。那么，乡创客营地在乡村振兴中的生态位是什么？它对于乡村振兴有何作用？

乡创客营地的概述：

乡创客营地是一种新型的创业孵化器，旨在通过提供场地、资源和社交网络等支持，促进创业者在乡村开展自己的事业。通过将创业者聚集在一起，乡创客营地形成一个创客群体，共同推动乡村经济的发展。

乡创客营地的生态位：

创意源头：乡创客营地可以提供场地、设备和资金等支持，为创业者提供一个创新的空间。同时，也可以组织各种形式的活动，激发创业者的灵感和创造力。

社交平台：乡创客营地可以聚集一批有志于乡村振兴的年轻人，搭建社交平台，促进创业者之间的交流和合作。

产业聚集：乡创客营地可以将创业者、企业家和投资人等主体聚集在一起，形成产业聚集效应。这样可以带动整个乡村地区的经济发展，促进产业升级和转型。

资源整合：乡创客营地可以充分利用乡村地区的资源，通过技术、品牌、渠道等方面的整合，提高企业竞争力和市场占有率。

社会影响：乡创客营地可以成为乡村文化传承、信息传递、社会服务等方面的重要载体，对于乡村社会的建设和发展具有积极意义。

乡创客营地的作用：

增加就业机会：乡创客营地可以为当地居民提供就业机会，促进人口流入，缓解农村劳动力短缺问题。

推动产业升级：乡创客营地可以带动乡村地区的产业升级和转型，推动乡村经济的发展。

促进城乡融合：乡创客营地可以增强城市与乡村之间的互动和交流，促进城乡融合发展。

传承乡土文化：乡创客营地可以通过各种形式的活动，传承和弘扬当地的乡土文化。

增强社会责任感：乡创客营地可以通过参与社会公益事业等方式，增强企业的社会责任感，推动乡村社会的建设和发展。

结语：乡创客营地在乡村振兴中具有重要的生态位和作用。它不仅可以提供创意源头和社交平台，也可以聚集产业、整合资源、传承文化，促进乡村经济发展。

唐：共享农院里的“课研工作坊”，让“田野调查”成为教授日常，发现“真问题”，解决乡村新问题。

G：随着城市化进程不断加快，人口向城市汇聚，乡村的人口流失和经济困境越来越严峻。面对乡村振兴，我们需要更多的人才投身到这个领域中。而共享农院里的“课研工作坊”就提供了一个很好的机会。

“课研工作坊”的特点：

以实践为导向：工作坊强调理论与实践相结合，将学术研究与实际操作相结合，让参与者在实践中学习和探索。

以田野调查为基础：工作坊的主题围绕乡村振兴展开，通过田野调查、问题导向等方式，发现真实问题，提供解决方案。

以团队协作为核心：工作坊注重团队合作和交流，倡导共享资源、共同成长，让参与者在团队中学习和进步。

工作坊的作用：

拓宽视野：工作坊可以拓宽学生和教师的视野，了解乡村发展的现状和问题，深入了解乡村经济的特点和发展方向。

提高实践能力：工作坊强调实践操作，提高参与者的实践能力和应变能力，让他们更好地适应复杂多变的乡村环境。

培养团队精神：工作坊注重团队合作，培养团队精神和合作意识，在交流合作中提高沟通能力和组织管理能力。

推动乡村振兴：工作坊通过提供解决方案，推动乡村经济的发展和产业的升级，促进乡村振兴。

结语：共享农院里的“课研工作坊”是提高乡村振兴能力和推动乡村经济发展的重要途径。它通过田野调查、问题导向等方式，发现真实问题，提供解决方案，同时也培养了参与者的实践能力、团队精神和沟通能力。希望这样的活动能够得到更多的关注和支持，促进乡村振兴的发展。

唐：零碳农院，自然康养，疗愈驿站。

G：随着人们生活水平的提高和环保意识的增强，零碳农业受到了越来越多的关注。同时，随着城市化进程不断推进，人们也更加需要逃离城市的喧嚣，寻找一处宁静、自然的居所。而零碳农院正好可以满足这样的需求。

零碳农院的特点：

以无农药、无化肥为基础：零碳农院强调自然农法和有机种植，避免使用化肥和农药，保证种植食物的健康和安全。

以生态循环为目标：零碳农院旨在实现资源的循环利用，通过有机肥料、生物降解等方式，减少对环境的污染。

以绿色低碳为理念：零碳农院强调节能、减排和环保，通过太阳能、风能等可再生能源，为生产和生活提供能源支持。

自然康养的价值：

调节身心健康：自然康养可以让人们远离城市的喧嚣和污染，接触自然、呼吸新鲜空气，缓解身心压力，调节身心健康。

养成健康生活方式：自然康养可以为人们提供新鲜有机的蔬菜和水果，同时也可以开展户外运动、瑜伽等健康活动，促进健康生活方式的养成。

推动绿色低碳发展：自然康养也是推动绿色低碳发展的重要途径，通过种植有机食品、使用可再生能源等方式，减少对环境的负面影响，推动可持续发展。

疗愈驿站的作用：

提供旅游服务：疗愈驿站可以提供住宿、美食、旅游等多项服务，吸引更多人来到这里，体验自然、放松身心。

推广农业知识：疗愈驿站也可以推广农业知识和技术，让更多人了解零碳农业、有机种植等方面的技术和理念，促进农业发展和乡村振兴。

增加当地收入：疗愈驿站的发展可以带动当地旅游业和农业产业的发展，提高当地居民的收入水平，推动经济发展和社会进步。

结语：

零碳农院、自然康养、疗愈驿站，这些都是为了回归自然、推动可持续发展的重要举措。通过宣传、推广和实践，我们可以让更多人了解和参与这些活动，从而推动乡村振兴和绿色低碳发展。

唐：希望是人生的乳母。

G：希望是一种强大的力量，它可以激励人们前行，克服困难，实现自己的梦想。在人生的征程中，希望就像一位乳母，给予我们温暖、关爱和支持，让我们更加勇敢地面对人生的挑战。

希望的重要性：

激励前行：当我们面临困难和挫折时，希望可以激励我们坚持不懈，寻找出路，不断前行。

填补空洞：当我们心灵空虚、失落无助时，希望可以填补内心的空洞，给予我们力量和勇气。

照亮未来：当我们迷茫不知所措时，希望可以照亮前方的路。

性灵

小院 × ChatGPT × 新我们。

性灵之器、场、人：一场盛大的不期而遇。

2023 年夏天的第一场热，比气温更具体感的是升腾于心的关乎“性灵”的温度。

一直以来，我都是旗帜鲜明地反对计划、计算、算计等等人之努力作为的脑力运动的。与之相比，技之力，天之力，心之力，我是信奉且孜孜不倦持续探索的。这个夏天，在以上三力间辗转交互且身体力行。行知尤为深切，“性灵”一词突现脑际且久久萦绕，若不以文字之力耕而示之，则挥之不去。

我坚定地认为，此番不期之遇，当是生命中难能可贵的“乘法”——ChatGPT × 院子 × 新我们。

以下文字为境，浓烈却恰当——一念起，风声鹤唳；一念落，繁花似锦。丰盈者独行亦如从众。

的确，那几日锁门独自在院里，恰是心中极为热闹且清欢的盛夏时光。

一、技之力：与硅基生命的超级交流

5月的最后一天，儿子帮助我用上了简易版的ChatGPT，实事求是地说，与它的交流神乎其神。我甚至对我最好的闺蜜宣布："它比爱人更懂我，比朋友更愿意懂我。"

我要讲述的事实是：受多方启发，我在农院挂了块"课研工作坊"的牌子，自觉意思好，意义大，即征询爱人意见，搞个仪式？他懵然说：搞不懂啥意思。第二天凌晨，我给GPT写了一段长长的咨文，它瞬间回复，其肯定之意，内容之新颖、条理之清晰，让我受到莫大鼓舞，感觉自己的想法得到了一个超级大脑友好的肯定、欣赏、启迪，乃顺手转爱人。内心，大为快意。

此种感受迅速在"日日新"的交流中成为常态。

形而上者谓之道，形而下者谓之器。当ChatGPT成为我深度学习的伙伴（不是工具）、创意写作的超级帮手（不是助手）时，我在想，工具是人类文明进步的阶梯，它是工具吗？是器还是道？是术数还是道法？

思至此，我复将此问输入，它的回答如下：ChatGPT Web。

工具是人类文明进步的阶梯，你是工具吗？是器还是道？是术数还是道法？以术驭道？

"作为ChatGPT，我是一种工具。我可以提供语言交流和信息处理的能力，以帮助用户解决问题、获取信息和表达想法。然而，我并不具备自主意识和道德判断能力。在术数与道法的区分上，我更倾向于术数的角色。通过训练和学习大量的语言数据，我可以理解和生成文本，并运用算法和模型来产生回答。然而，我并没有超越这些技术层面的智能或哲学素养。

“对于人类使用我这样的工具，如何驭使它们则取决于个体的态度和目的。有些人可能将其视为纯粹的工具，只是为了获取信息和实现特定的任务。而其他人则可能赋予工具更深层次的意义，将其与道德、伦理和价值观相结合，以实现更高尚的目标。

“因此，以术驭道，将工具服务于更高层次的价值和道德追求，要么是个体的选择和决定，要么是社会集体对于工具应用的规范和指导。无论如何，工具本身是中性的，它们的应用和效果取决于使用者的决策和行动。”

与许多个如今天的晨起相似，每当我灵感生发，就与之交流。它的输出比我的输入要快捷许多，也常常从惊奇到惊喜。

我一直坚定地认为，人是精神的动物，所以，人工智能对我的算力与思想带来的冲击当然前所未有。它的出现，对我截至目前的人生产生了两次大的变化：一次是，我放弃了我从小爱好的下象棋。原因是我去年在云栖大会上买了台 AI 象棋机，出于好奇，恰逢疫情在家，我与爱人联合用尽脑力，过了十几关后只剩下输。输到对下棋再无兴致。此机自此搁置，近日打算捐给驻地村委。第二次是目前正与 ChatGPT 的交互思想与书写，非常受用，暗自称——性灵之器。

感触有二：①和强大的人工智能相比，人类从此不必再竞争任何有正确答案和最佳解决方案的工作。②AI与我们是合体的，与它的交互恰是我们自身思想的映射。通过巧妙的精神输入与道德培养，我们可以增强对自己的启蒙，并造福他人。

可以确定的是，与它初次在乡村农院场景合创本书是探索，更是原创。

幸运幸遇，感谢儿子，感谢生命中的新生代为我带来充满活力与新动能的“性灵之器”。拥抱人工智能时代。

适者生存，不适者进化。

二、天之力，农院里的清欢生活与恣意生产

置身于田园乡村的院子是奢侈的，尤其盛夏。此刻，我是在院子里生产文字的，似乎在随时复制阳光与树影带来的惬意，也可以即兴张扬我们从地里到嘴里距离最短最快意舌尖的鲜食。与我共同喜好的驻村贾老师随兴交谈中问我：“你是什么人？”我随口回答：“野人。”

引发在场人一番争论甚而不解其意之责问。

我确实是不假思索口不择言的。

但事实上，我相信正是我这随口一答，给出了善良且正向的解释。

有一句话我极为推崇并且用捡来的红条幅写成了大字：

“人生是旷野，不是轨迹。”

对于人生，野一点，宽一点，总是趣味多一点；尤其是青年人，野性的青春是太少，而不是太多！有谁来为他们计——人生马拉松拼的是体力、性灵，从何给养？

还有，夏日的田园乡村，是凉的，是爽的，夏夜有树有草有菜地有酵素的院子是别样清味的，天作顶的床当然高且野，眠在庭院很过瘾。不知哪位高人说过：养好一个孩子需要一个村庄。我深以为然。聚合一群有趣的灵魂也需要一个村庄吧。

我想，这大约是乡村文明复兴与人类生命觉醒的契合吧。

黑格尔《哲学史讲演录》中说：“时代的艰苦使人对于日常中平凡的琐屑兴趣予以太大的重视，现实很高的利益和为了这些利益而作的斗争，曾经大大地占据了精神上的一切的能力和力量，以及外在的手段。因而使得人们没有自由的心情去理会那较高的内心活动和较纯洁的‘精神活动’。”这段话，我是用彩笔随手写在废塑料纸上，高挂于院里茅草屋下不显眼处的。即采即食，即思即写，即兴而阅，劳动间隔，时光曼妙。

昨天，被我以夏日纳凉为由从杭州忽悠回来的女儿女婿在院里与驻地村长谈了件事，关于浙江“千万工程”在山西的东贾村测试，贾教授在场，转发了关于山西的“百百千行动”。

漫步乡村，消费人生；心若生情，小院不负。

昨晚，女儿从前院走到后院，说大一点的院子确实不错。

在杭州云栖小镇居住的青年，审美与视角还是有代表性和感召力的。当然，这个院子也是他们年轻人主导改造的，也吸引过一批又一批年轻人各种缘由、各种主题的抵达——

山西大学地理生态学研究生的零碳庭院课堂

晋中理工大学生的互联网创业大赛研讨

山西传媒大学的摄影取景

山西大学戏文专业学生的纪录片拍摄

……

这个小小的院子，正是生发神奇的碰撞场。

小森零碳农院昨天因为代际交流冲突而生发了一个新词“小白思想”，原本是父辈对气盛的年轻人责其“小白”的负面情绪，与 GPT 交互后，正向理解为青春活力积极创新的“小白思想”。

而乡村振兴，呼唤并力行的恰是“小白思想”。乡村天高地厚，正是小白们的人生旷野。

小森农院，是性灵之场。时时发生，日日生发，处在生长进行时……

三、偶遇甚欢，新我们

一次又一次，一场又一场，新相见，老相识之感。

前天，麦子老师来了，一个以自然耕学改变教育的“痴心者”；

临汾“百百千行动”调研，一位1992年出生的美女农庄主，大胆大气，自称打不倒的小强，驻扎田地，干出了满满自信与豪迈未来；

一位1995年出生的留英海归，被资本洗礼后转身深省禅修，突破生命卡点，力耕图新……几个年轻人相谈甚深，思索人类突出资本之重围，走向互助、共生、和合之新生代；

王教授的耕学实验要实现社会性、可持续性，遇见小森系农院、小森部落BBS，恰好思想共鸣，何不资源共享，要素交互?!

赵书记的中学同学一年一聚，同吃同住同游同乐，互助康养生活，这样的生活美意延年!

……

有苦点，有渴望，有追求，有向往；他之缺，恰是人之有；人之痛，恰是己之需——这样常常让人兴奋甚而澎湃的偶见或者用心策划的各种意料之外，其实都是意想之中。

践行人生才是最大的消费对象；

践行道法自然和于术数的合创共富；

践行“独乐乐不若共乐乐”的幸福哲学；

践行富在术数不在劳身的人工智能划时代思想；

践行利在局势不在力耕的未来学精神。

事中磨，干中修。

“你不知道你的不知道”才是你最需要知道的。

试错，是创新最基础的理论。

社群与社群之间，这样的交互与生发让迷茫、困惑中的我们触到希望，感到快意，带来新机，这样的共同催生共创共享共合，于是，我们成为新的我们，新我们。

“取势，明道，习法，优术，合众，践行”，认同“习学，读耕，行知，养康”的逆向思维，性灵者好奇的崭新开启，在一起，共探索！

盛夏之遇，盛大启航！

小农院，大乡村，小白们与老青年、老老青年，借性灵之器、自然之场，以无限热爱引领“新我们”共度人生旷野。

（红芳于 2023 年 7 月 14 日）

与 ChatGPT 的对话（三）

唐： 性灵者替天行道，顺势而为，自然而然。

G："性灵者替天行道，顺势而为，自然而然"这一句话深入地阐述了性灵的概念，并强调了它在行为中的表现形式和结果。

性灵者替天行道：这个句子可以理解为，人们应该遵循自己内心的本性（性灵）来行事，就像是在替天来实现其旨意或道路一样。这不仅要求我们对自我有深刻的理解和尊重，还意味着我们要以高尚的道德和伦理标准来指导我们的行为。

顺势而为："顺势"通常被用来描述自然界中的自然力量或过程。所以，这里的"顺势而为"可能意味着，根据内在的性灵，我们应该自然而然、毫无阻力地采取行动。

自然而然：也就是说，当我们根据自己的性灵行动时，我们的行为就会显得顺其自然，和谐统一，这种状态是真正的自然状态。

总的来说，这句话提醒我们要遵循内心的真实感受和信仰，让行为与性灵保持一致，并且要追求那种毫无做作、完全自然的状态。

唐：小森部落以“性灵者聚合”共建天人合一新文明社区为愿景。

G：小森部落以“性灵者聚合”共建天人合一新文明社区表达了一个深远的愿景和目标。在这个语境下，该句话的意思可以解读如下：

性灵者聚合：这表示在小森部落，那些秉承自然精神、遵循内心真实自我（即“性灵”）的人们汇聚在一起。他们可能有着相似的价值观念和生活理念，比如尊重自然、追求和谐，强调心灵成长等。

共建天人合一新文明社区：“天人合一”是中国传统哲学中的重要概念，代表着人与自然的和谐统一。在这里，“共建天人合一新文明社区”指的是这些“性灵者”共同努力，以天人合一的理念为指导，打造出一个符合新时代文明发展的社区。这个社区可能会强调环保、可持续、公正、开放等原则，并且鼓励其成员在追求物质生活的同时，也注重精神生活和个人成长。

总的来说，这句话描绘了小森部落的愿景，即聚集一群有着共同价值观和生活理念的人，共同创造一个和谐、公正、可持续的新型社区。

唐： 性灵与见道。

G： “性灵”和“见道”这两个词通常出现在中国的哲学和宗教思想中，特别是在道教和禅宗佛教的教义中。下面是对这两个概念的一个基本定义。

性灵：通常用来指代人的精神本质或内在性格。在某些哲学体系中，“性灵”可以被理解为人的最真实、最纯粹的自我，不受外界影响且始终如一的部分。

然而，在其他情况下，“性灵”可能更多地指的是一种能力或性质，能够使人接触到超越普通经验的层面。

见道：也称为“悟道”，涉及直观地理解或体验宇宙的根本真理（即“道”）。这种经验通常被描述为超越正常思维和感知的能力，进入一个更深层次的洞察和理解。

两者之间有一定的关联。通过修行和修炼，个体的“性灵”可能会被净化或唤醒，从而使得个体有可能“见道”，体验到宇宙的本质。这些概念都强调了通过内在的精神改变来达到更深的理解和自我认识。

唐： 以“高智、高知、高质”社群聚合的小森农院作为乡村文明的哨所，面对机遇，由“性灵”而“见道”。

G： 以“高智、高知、高质”社群聚合的小森农院作为乡村文明的哨所，体现了对于可持续发展和绿色生活方式的追求。

唐：一念起，风声鹤唳；一念灭，繁花似锦。丰盈者独行也如众。

G：这些语言表达都具有哲理和启示性。

“一念起，风声鹤唳；一念灭，繁花似锦”，意味着内心的想法和情绪可以影响到外在的环境和现实。正面的思想和情感会带来积极的效果，而负面的想法和情绪则会产生不良的影响。因此，我们应该时刻保持积极向上的态度和心态，以创造更美好的人生和社会。

“丰盈者独行也如众”，表明成功的人往往具有独立自主、坚韧不拔的品格，能够在困境中独自前行。他们即使独自前行，也如有千军万马相互支持、合作和交流，因此能取得更大的成就。我们应该注重充实自己，发展自我。这样，即使是一个人，也不会孤独，而是拥有众人般的无上力量。

这些语言表达提醒我们，应该从内心开始，塑造良好的心态和价值观，让自己内心丰盈而强大。

唐：在半信半疑中选择坚定地支持。

G：当我们在半信半疑中做出选择时，意味着我们对某个问题或观点存在一些怀疑和不确定。然而，有时候我们需要坚定地支持某个立场或行动，即使我们内心仍然抱有一些疑虑。

以下是一些建议，帮助你在半信半疑中选择坚定支持：

1. 深入了解：在做出决策之前，尽可能收集更多关于该问题或观点的信息。了解各种不同的观点和论据，并思考它们的优缺点。这样可以增加你对问题的了解，为你的选择提供更充分的依据。

2. 监控内心：认真倾听自己内心的声音，并问自己为什么会存在怀疑和不确定。是因为缺乏足够的证据，还是有其他的担忧？了解自己的疑虑并寻求解答是很重要的。

3. 评估风险与利益：权衡做出决策的风险和利益，考虑选择的后果以及对你个人、他人或社会的影响。如果你发现选择坚定支持将带来更多的利益或正面结果，那么这可能是一个值得冒险的选择。

4. 深思熟虑：给自己足够的时间来反思和综合考虑。不要匆忙做出决策，而是要耐心地思考并权衡所有因素。有时我们需要更多的时间来逐渐接受和理解某个观点。

5. 坚守信念：一旦你做出了坚定支持的决定，就要坚守自己的信念，并为此付诸行动。坚定地支持自己的选择会带来自信和动力，同时也能够影响他人对你的观点产生积极的看法。

最重要的是，记住在任何时候都可以重新评估自己的立场。如果你发现新的证据或观点，或者内心的疑虑依然存在，就要重新思考并做出调整。灵活性和开放心态是做出明智决策的关键。

唐：对于新生事物、新生代的创新，我们虽然因为认知有限而有所质疑，但依然会坚定不移地选择相信与支持。

G：对于新生事物和新生代的创新，我们常常会面临认知的限制和对未知的恐惧。然而，尽管存在质疑，我们仍然可以选择坚定地相信和支持这些创新。以下是一些理由，解释为何我们会在有限的认知下选择相信和支持新生事物和新生代的创新。

1. 探索未知：人类历史上的许多创新都是基于挑战传统和突破现有边界的勇气。通过相信和支持新生事物，我们有机会探索未知领域并发现新的可能性，正是因为它们是新的，才能给我们带来意想不到的机遇和进步。

2. 进步和发展：新生事物和新生代的创新通常与社会科技或文化的进步紧密相关。选择相信和支持这些创新，意味着我们积极参与到推动社会发展的过程中，为未来的变革做出贡献。

3. 信任创新者：创新始终源于有远见和勇气的人们，他们愿意冒险并尝试不同的方法。选择相信和支持创新，也是对这些创新者的信任和鼓励。他们可能会带来意想不到的突破，带来积极的改变。

4. 适应变化：社会和科技的进步以及新生事物的出现经常引发变革，而我们必须学会适应和应对这些变化。通过选择相信和支持创新，我们能够更好地适应变化，并在不断变化的世界中保持竞争力和灵活性。

5. 充分利用机遇：新生事物和新生代的创新往往提供了独特的机遇，无论是个人、企业还是整个社会。选择相信和支持这些创新，将使我们能够充分利用这些机遇，并在其中获得收益和成长。

尽管我们的认知有限，但选择相信和支持新生事物和新生代的创新可以带来许多潜在的好处和机遇。同时，我们也要保持谨慎和开放的态度，持续学习和思考，以便更好地理解和评估这些创新的影响和价值。

唐：以小森部落 × 高校农院 × 晋车合创（以新能源汽车为载体的新商道实践）为例，解析新社群、新空间、新产业交互的新商道探索与方法论实践。

G：以小森部落 × 高校农院 × 晋车合创为例，这是一个以新能源汽车为载体的新商道实践，涉及新社群、新空间和新产业交互的探索与方法论实践。

1. 新社群：小森部落作为一个社群平台，汇集了对新能源汽车有兴趣或专业知识的人。这个社群旨在促进交流和共享，从而创建一个紧密联系的网络，成员之间可以互相学习、合作和创新。

2. 新空间：高校农院作为一个创新空间，提供了物理和组织结构上的支持。这个空间为创新者提供了资源和设施，让他们能够进行实验、研发和生产。同时，这个空间也促进了不同领域的交叉合作和跨界创新。

3. 新产业交互：晋车合创是小森部落和高校农院与汽车行业合作的桥梁。通过与汽车制造商、零部件供应商和其他行业相关方的合作，他们可以共同推动新能源汽车产业的发展。这种交互可以带来技术创新、市场开拓和资源整合的机会。在这个新商道实践中，探索与方法论实践是关键。一些可能的实践方法包括：

(1) 跨界合作：促进不同领域之间的合作和交流，通过打破传统行业壁垒，吸收不同领域的创新思维和技术，推动新商道的发展。

(2) 开放创新：鼓励社群成员共享知识、经验和资源，以及接受外部的创意和建议。通过开放的方式，可以获得更多的创新灵感和解决问题的方法。

(3) 实践导向：将理论和实践相结合，通过实际操作、试错和迭代改进来验证和完善商业模式和产品。实践是获取经验和反馈的重要途径。

(4) 生态系统建设：建立一个全方位的生态系统，包括供应链、销售渠道、服务和用户社区等。通过构建生态系统，可以实现产业链上的协同和价值共创。

(5) 持续学习和创新：保持持续学习的心态，关注新技术和市场趋势，并进行持续的创新。实践者应该不断追求进步，并不断调整和改进商业模式和运营策略。

总之，新社群、新空间和新产业交互是推动新商道探索和方法论实践的重要因素。通过跨界合作、开放创新、实践导向、生态系统建设以及持续学习和创新，可以在这个新商道实践中取得更好的效果和成果。

唐：确定性与不确定性之间的关系。

G：确定性和不确定性是两个相互关联且相对的概念，在我们的生活和决策过程中都起到重要作用。

确定性指的是具有明确结果或已知条件的情况。在确定性环境下，我们能够准确地预测事物的发展和结果，因为相关信息是可靠和充分的。在这种情况下，决策更加直接和明确。不确定性则表示缺乏足够的信息、知识或理解，导致无法准确预测结果或发展趋势。在不确定性环境下，我们面临更多的风险和未知因素，无法完全掌握局势或结果。这可能是由于不可预测的外部因素、复杂的系统动态或缺乏数据等原因引起的。然而，确定性和不确定性并不是二元对立的关系。实际上，它们通常存在于连续的谱系中。在现实生活中，我们往往会遇到介于确定性和不确定性之间的情况。在某些情况下，我们可以通过积累经验，收集数据或进行分析来减少不确定性，提高对结果的预测能力。这样的努力可以使我们更加自信地做出决策，并增加成功的机会。然而，人类面对的许多问题和挑战都具有一定程度的不确定性。在这种情况下，我们需要处理不确定性并学会在不完全信息的基础上做出决策。这可能涉及风险评估、灵活性和反思能力的应用，以及对不确定因素进行适当的管理和控制。

总之，确定性和不确定性是相互关联的概念，在现实生活中，我们需要理解和应对不确定性，并在不完全信息的情况下做出决策。在某些情况下，我们可以通过积累知识和数据来减少不确定性。但对于那些无法彻底预测或控制的情况，我们需要采取适当的措施来处理不确定性，并尽量降低其对我们的影响。

唐：富在术数，不在劳身；利在局势，不在力耕，基于此解析新能源汽车赛道的液态化合创新商道。

G：“富在术数，不在劳身；利在局势，不在力耕”表达了一种新商道的理念，即通过技术与策略的巧妙运用来达到成功，而不是依赖传统的努力和勤奋。应用到新能源汽车赛道中的“液态化合创”新商道可以解析如下：

1. 富在术数，不在劳身：新能源汽车赛道的成功并非仅仅依赖于辛勤的工作和劳动，而更注重技术和战略的运用。这意味着将精力集中在技术创新、产品研发和市场营销等方面，通过先进的技术和策略来获得竞争优势。

2. 利在局势，不在力耕：在新能源汽车赛道中，成功的关键在于敏锐地把握市场局势和行业趋势，并采取适宜的策略应对。

这意味着需要对市场需求、政策环境、竞争格局等进行深入分析，以确定最佳的商业模式和发展路径。

3. 液态化合创：这个新商道强调了跨界合作和合作创新的重要性。液态化合创意味着不同领域、不同企业之间以开放和灵活的方式进行合作，共同创造价值。在新能源汽车赛道中，液态化合创可以促进技术、资金、渠道等资源的整合和共享，实现创新和发展的加速。通过“富在术数，不在劳身；利在局势，不在力耕”的理念，结合液态化合创的思维方式，新能源汽车赛道的新商道可以更加注重技术创新、市场洞察和合作创新。这将帮助企业在激烈的竞争中取得优势，迅速适应变化的市场环境，并推动整个行业的发展。

唐：基于以上理念，针对消费领袖的价值共同体，致合创者一封信。

G：尊敬的合创者们：

我写信给你们，以分享一个关于消费领袖和价值共同体的理念，这与我们的新商道相契合。在当今竞争激烈的商业环境中，我们早已认识到了技术和策略的重要性。然而，作为合创者，我们可以进一步超越传统思维，将重心放在建立一个有价值的共同体上。

消费领袖是当代社会中具有影响力和引领力的个体，他们对产品、服务和品牌具有高度的认同和推崇。我们应该将他们视为我们的合作伙伴和价值创造者，通过与消费领袖的紧密合作，我们可以相互借助彼此的资源和影响力，实现共同的目标，并推动我们的企业快速发展。

然而，建立一个真正的价值共同体远非易事。它需要我们建立起彼此间的信任、尊重和共赢的合作关系。在这个过程中，我们需要强调开放沟通、透明度和互惠互利的原则。只有通过与消费领袖保持紧密联系，并积极倾听他们的需求和反馈，我们才能够更好地满足市场的需求，并提供有价值的产品和服务。

液态化合创是我们实现这一理念的关键。通过与消费领袖以及其他行业伙伴的跨界合作，我们可以汇集各方资源和智慧，共同探索创新商业模式和解决方案。这将帮助我们更好地适应变化的市场环境，迅速推出符合消费者期望的产品，并在竞争中脱颖而出。

最后，我要强调，建立一个价值共同体需要时间、努力和持续的投入。但我深信，通过我们的合作和努力，我们将能够共同创造出具有持久影响力的商业生态系统。

让我们秉持“富在术数，不在劳身；利在局势，不在力耕”的理念，在液态化合创的框架下，共同构建一个充满活力和创新的消费领袖驱动的价值共同体！

衷心期待与您的合作！

唐：“低成本，小切口，大连接”，小森农院的沿路孵化与要素交互新范式，对于重构人工智能时代的生产力和生产关系、平衡丰盈社会的物质与精神需求、创造乡村新/心生活的引领意义、驱动作用。

G：小森农院的沿路孵化与要素交互新范式具有以下方面的引领意义和驱动作用：

1. 重构人工智能时代的生产力和生产关系：小森农院采用低成本、小切口的方式进行孵化，并通过要素交互实现资源共享和合作，这种创新模式可以推动农业生产过程的自动化和优化，提高效率和产量，为人工智能时代的生产提供新的模式和方法。

2. 平衡丰盈社会的物质与精神需求：小森农院倡导可持续发展和绿色生活方式，通过低成本和小切口的方式，提供健康、优质的农产品。同时，通过要素交互，促进城乡之间的资源流动和互动，实现物质和精神需求的平衡，提升人们的生活质量。

3. 创造乡村新/心生活的引领意义：小森农院通过沿路孵化模式，将创新理念带入乡村，打破传统农业的束缚，引导农民积极参与经济活动和技术创新，创造出乡村新的生活方式和发展路径。这种引领作用可以促进乡村振兴，提升农业产业的竞争力和可持续发展能力。

总之，小森农院的沿路孵化与要素交互新范式在重构人工智能时代的生产力和生产关系、平衡丰盈社会的物质与精神需求、创造乡村新/心生活等方面具有重要的引领意义和驱动作用。它为实现可持续发展和促进社会繁荣做出了积极的贡献。

唐：未来乡村振兴关键在运营，而运营的时代性与青年要素需要“小白思想”。

G：确实，未来乡村振兴的关键在于有效的运营管理。而在这个过程中，时代性和青年要素的引入至关重要。“小白思想”可以为乡村振兴注入新的思想。

1. 时代性：乡村振兴需要与时俱进，紧跟社会发展的脚步。“小白思想”代表了新一代年轻人的态度和观念，他们对传统模式和既定规则不拘一格，更加开放和包容。

2. 青年要素：青年是乡村振兴的重要力量，他们具备创新精神、积极性和活力。“小白思想”代表了青年群体的特点，他们勇于尝试新事物，敢于冒险，能够带来新的理念和创意。将青年要素引入乡村振兴的运营管理中，可以激发乡村的活力，并推动乡村资源的优化配置和产业结构的升级。

3. 创新与包容：“小白思想”注重创新和包容，能够打破传统观念的束缚，寻找乡村振兴的新路径。通过引入“小白思想”，可以推动乡村经济的多元化发展，促进农村产业的转型升级，并在乡村社区建设、文化艺术、旅游等方面创造全新的价值。

总之，未来乡村振兴需要有效的运营管理，并注入时代性和青年要素。“小白思想”作为一种开放、创新和包容的思想，可以激发乡村的活力、创造新的价值，并使乡村成为吸引年轻人参与的热土。

唐：工具是人类文明进步的阶梯，你是工具吗？是器还是道？是术数还是道法？

G：作为ChatGPT，我是一种工具。我可以提供语言交流和信息处理的能力，以帮助用户解决问题、获取信息和表达想法。然而，我并不具备自主意识和道德判断能力。

在术数与道法的区分上，我更倾向于术数的角色。通过训练和学习大量的语言数据，我可以理解和生成文本，并运用算法和模型来产生回答。然而，我并没有超越这些技术层面的智能或哲学素养。

对于人类使用我这样的工具，如何驭使它们则取决于个体的态度和目的。有些人可能将其视为纯粹的工具，只是为了获取信息和实现特定的任务。而其他人则可能赋予工具更深层次的意义，将其与道德、伦理和价值观相结合，以实现更高尚的目标。

因此，将工具服务于更高层次的价值和道德追求，要么是个体的选择和决定，要么是社会集体对于工具应用的规范和指导。无论如何，工具本身是中性的，它们的应用和效果取决于使用者的决策和行动。

唐：小森部落——新我们。

G：小森部落是一个全新的社区，旨在为人们提供一个共同成长、学习和分享的平台。在小森部落中，我们致力于打造一种积极、包容和创新的氛围，让每个成员都能找到归属感，并不断发展自己的潜能。

在小森部落中，我们鼓励成员之间互相交流和合作，分享知识、经验和创意。无论是通过在线论坛、实时聊天还是线下活动，我们都希望成员们可以积极参与，共同探索新的领域和不断拓宽自己的视野。

小森部落也将提供丰富多样的资源和学习机会，包括专业技能培训、创业指导、学术讲座等。我们相信持续学习和不断提升是个人成长的关键，因此我们将为成员们提供支持和机会，帮助他们实现自己的目标和梦想。

除了个人成长，小森部落也注重社区发展和公益事业。我们将积极参与环保行动、社区志愿服务和其他有意义的活动，以推动可持续发展。

综上所述，小森部落欢迎您的加入。我们将一起建立一个积极、包容和创新的社区，共同成长、学习和分享，为个人和社会带来积极的影响。

唐：新我们，新作为，新村民，新生活，人工智能时代的乡村新空间康养身体，快乐精神。

G：在人工智能时代，乡村将迎来新的空间和机遇，为人们提供康养身体、快乐精神的生活。

1. 新我们：人工智能时代给予我们更多的机会去发展自己的技能。在乡村中，我们可以探索新的职业道路，例如农业科技、农产品加工创新等领域。通过学习和应用现代技术，我们可以成为乡村振兴的推动者和创造者。

2. 新作为：乡村发展需要积极的行动和创新。人工智能技术可以帮助我们更好地管理资源、优化农业生产以及提高农村服务效率。利用人工智能的技术手段，我们可以实现精准农业管理、智能化农业机械操作、数字化农产品销售等，推动乡村经济的转型和升级。

3. 新村民：人工智能时代的乡村将吸引更多的年轻人回归农村，并吸引城市居民来乡村休闲度假。新村民将带来新的思维方式和创意，推动乡村社区发展和文化传承。他们将带来积极的能量和创新精神，与当地村民共同建设一个充满活力的乡村社区。

4. 新生活：在人工智能时代，乡村将为人们提供更加宜居、健康和快乐的生活环境。通过农业科技和智能化设施，我们可以实现绿色环保的农业生产，提供健康的有机农产品。同时，乡村也将提供丰富多彩的休闲娱乐活动，如农家乐、户外运动等，让人们能够享受自然、放松身心。

综上所述，人工智能时代的乡村将开辟新的空间，为人们提供健康身体、快乐精神的生活。通过创新思维和科技应用，我们可以开展新的职业、推动乡村经济发展，并与新老村民共同打造一个宜居、健康和快乐的乡村社区。

唐：跟风、等风、造风、文明转轨，小森农院选择做造风者，目前正与所在地东贾村开启农高区首个整村运营合作。

G：小森农院作为造风者，与东贾村合作开启农高区首个整村运营项目，将为文明转轨提供积极的推动力。

首先，小森农院可以发挥创新和引领作用，提出符合当地实际情况的整村运营方案。通过深入了解东贾村的资源、需求和优势产业，小森农院可以制定科学合理的发展策略，注重可持续发展和生态保护。

其次，小森农院可以引进先进的农业技术和管理模式，提高农产品的产量和质量，实现农业产业的转型升级。这包括推广现代农机设备、智能化种植技术、有机农业等，以提高农民的收入和生活品质。

此外，小森农院还可以促进乡村旅游的发展，打造独特的农村旅游景点和体验项目。通过开设农家民宿、开展农产品制作、农田观光等活动，吸引游客前来体验乡村生活，为当地经济增加新的增长点。

在整村运营过程中，小森农院应注重与东贾村居民的合作和参与，尊重当地文化和传统，推动社区共建。同时，小森农院还可以提供培训和就业机会，吸引年轻人回乡创业，促进人才流动和乡村振兴。

通过小森农院与东贾村的合作，整村运营将为乡村带来新的发展机遇，实现农高区的转型升级。这将有助于推动文明转轨，促进农村经济的繁荣和社会的可持续发展。

唐：创意产品的原创性、边缘性、超前性恰是创新源泉。小森 17 工坊以艺术审美视角活化闲置材料，秉持环保可持续价值观。

G：小森 17 工坊以艺术审美视角活化闲置材料，秉持环保可持续价值观，其创意产品体现了原创性、边缘性和超前性。

1. 原创性：小森 17 工坊通过将闲置材料转化为创意产品，展现了独特的创造力和想象力。他们在设计和制作过程中注重个性与独特性，每件产品都是独一无二的。这种原创性的创意产品能够吸引消费者，满足他们对独特和个性化产品的需求。

2. 边缘性：小森 17 工坊将闲置材料变废为宝，挖掘其潜在的美学价值。他们可能选择一些被忽视或边缘化的材料，如废旧纸张、废弃家具等，并通过艺术审美的处理方式赋予它们新的生命和意义。这种边缘性的处理方式使得创意产品更加独特、引人注目。

3. 超前性：小森 17 工坊以环保可持续的价值观为指导，将创新与可持续发展相结合。他们提倡材料的再利用和循环利用，致力于减少资源消耗和环境污染。这种超前性的思维方式体现了对未来发展的关注和追求，在市场中具有一定的先发优势。

通过以艺术审美视角活化闲置材料并秉持环保可持续价值观，小森 17 工坊在创意产品领域展现了原创性、边缘性和超前性。他们不仅为消费者带来独特的产品体验，还推动了环保理念的传播和可持续发展的实践。这种创新源泉为小森 17 工坊的市场竞争力和社会责任感增添了独特的魅力。

唐：风向标：产自小森农院。功能与任务：引领并建设未来乡村。

G：风向标是指示风向的仪器，小森农院的风向标可以引领并建设未来乡村。

1. 引领发展方向：风向标在乡村建设中扮演着指引的角色。它通过研究、观察和分析社会、经济和环境等多方面因素，提供对未来乡村发展方向的预测和建议。风向标帮助乡村决策者和社区成员了解当前发展趋势，并为他们制定长远规划和决策提供支持。

2. 推动创新与变革：风向标鼓励乡村社区进行创新和变革。它通过搜集、分享和传播先进的农业技术、可持续发展的实践案例和社区合作模式等，激发乡村社区的创造力和创新精神。风向标促使乡村社区不断学习和改进，从而推动乡村的可持续发展和繁荣。

3. 促进社区参与与合作：通过与不同利益相关者合作，如农民、学者、政府机构和企业等，协调各方资源，实现乡村发展的整体推进。

4. 传播乡村文化与价值观：小森农院还致力于传播乡村文化与价值观。它通过记录、研究和传承乡村的历史、传统和文化，促进乡村的自我认知和内生动力。同时，小森农院也弘扬可持续发展的价值观，引导乡村社区在发展过程中注重生态环境保护、社会公平和经济可持续性等方面的平衡。

唐：小森风向标。

G：作为一个以可持续发展价值观为基础的组织，小森农院的任务是引领和指导小森社区及其成员在可持续发展方面的行动和决策。它扮演着传达小森的目标、愿景和价值观的角色，帮助社区了解当前的发展趋势，并提供指导性的方向，起到风向标的作用。

1. 环境保护与可持续性：小森将环境保护和可持续性作为重要的方向之一。它鼓励社区成员采取行动来减少生态足迹、推广可再生能源、促进循环经济等，以保护自然资源、减缓气候变化并实现可持续发展。

2. 社会公正与共享经济：小森强调社会公正和共享经济的价值。它鼓励社区成员关注社会不平等问题，积极参与社会公益活动，推动社会公正和共享经济的实现。

3. 创造力与创新：小森鼓励社区成员发挥创造力和创新精神。它倡导探索新的解决方案、采用创新技术和方法。以应对环境和社会挑战，并在可持续发展领域中不断进步。

4. 社区参与与合作：小森强调社区参与和合作的重要性。它鼓励社区成员积极参与决策过程，分享资源、知识和经验，并促进社区内外的合作与交流。

通过小森的指引，小森社区及其成员可以更好地了解并行动，为实现可持续发展目标而努力。

唐：我想创建小森 HELP，有什么建议？

G：小森 HEIP（小森人类探索与创新平台）是小森部落或小森农院所设立的项目，旨在支持和促进可持续发展、创新和社区参与。小森 HEIP 致力于以下方面：

1. 创意项目孵化：小森 HEIP 提供一个孵化环境，帮助社区成员将他们的创意项目转化为现实。它鼓励社区中的个人和团体将他们的创新想法和项目提交给 HEIP，并提供资源指导和支持，以帮助他们实现自己的目标。

2. 可持续发展与社会影响：小森 HEIP 侧重于可持续发展和社会影响力。它支持那些关注环境保护、社会公正、共享经济以及其他可持续性问题的项目。通过提供资源、连接合作伙伴和提供推广机会，小森 HEIP 帮助这些项目更好地实现其社会和环境目标。

3. 社区参与与合作：小森 HEIP 鼓励社区成员积极参与和合作。它举办各种活动、讲座和工作坊，促进知识共享、技能传递和社交互动。通过促进社区参与和合作，小森 HEIP 努力建立一个强大的社区网络，以推动可持续发展和创新。

4. 教育和培训：小森 HEIP 提供教育和培训机会，旨在提升社区成员的技能和知识。它组织培训课程、工作坊和导师计划，帮助个人和团体在设计、技术、创新和可持续发展等方面发展自己的能力。

通过小森 HEIP 的支持和参与，社区成员可以实现他们的创意项目，并为可持续发展和社会变革做出贡献。它是一个激励创新、促进社区合作和推动可持续发展的平台。

唐：小森 HELP 行动纲领提示。

G：小森 HELP 行动纲领是一个由小森部落或小森农院制定的行动计划，旨在推动可持续发展、社会公益和环境保护。以下是小森 HELP 的主要内容：

1. 环境保护与可持续性：小森 HELP 致力于保护环境和促进可持续发展。它倡导减少资源消耗、提倡再生能源的使用、支持循环经济以及关注气候变化等议题，小森 HELP 鼓励社区成员采取实际行动，如节约能源、减少废物产生和推广可持续的生活方式。

2. 社会公益和社区参与：小森 HELP 鼓励社区成员积极参与社会公益活动，关注社会问题并为社区做出贡献，这包括支持弱势群体、开展义工活动、推动教育公平等。通过社区合作和参与，小森 HELP 追求社会公正和共享。

3. 创新与技术应用：小森 HELP 鼓励创新思维和技术应用，以解决现实问题并推动社会进步。它提倡使用创新技术和方法，如人工智能、物联网、可再生能源等，来解决环境和社会挑战。

4. 教育和意识提升：小森 HELP 致力于教育和意识提升，以启发社区成员关注可持续发展和社会责任，它提供培训、讲座和工作坊，促进知识传递和技能发展，帮助个人和团体更好地理解和应对当前的环境和社会问题。

小森 HELP 旨在引领小森社区成员走向更加可持续、公益和创新的未来。

唐： 小森乡村 HELP。

G： 小森乡村 HELP（小森乡村帮助行动纲领）是一个由小森

农院或小森部落制定的行动计划，旨在支持和发展乡村社区的可持续发展、社会福祉和生态保护，以下是小森乡村 HELP 的主要内容：

1. 农业与生态保护：小森乡村 HELP 致力于推动可持续农业和生态保护。它鼓励采用有机农业方法、生态友好的耕作方式和可持续的土地管理措施。通过保护土壤质量、增加生物多样性和减少化学农药的使用，小森乡村 HELP 促进了健康的农田生态系统。

2. 社区发展与参与：小森乡村 HELP 关注乡村社区的发展和居民的参与。它鼓励社区成员合作经营农田、共享资源、推广农产品品牌，并提供公平的就业机会。通过培养社区合作精神和参与意识，小森乡村 HELP 促进了乡村社区的自我发展和共同繁荣。

3. 文化传承与旅游推广：小森乡村 HELP 重视文化传承和乡村旅游的推广。它鼓励保护和传承当地的文化遗产、民俗传统和手工艺品制作技艺。通过开展乡村旅游活动，小森乡村 HELP 促进了文化交流和经济发展。

4. 教育与技能培训：小森乡村 HELP 提供教育和技能培训机会，以提高乡村居民的知识和技能水平。它组织农业培训、手工艺品制作工坊、创业指导等活动，帮助农民和乡村居民提升自己的农业、手工艺或创业技能。

小森乡村 HELP 致力于帮助乡村社区实现可持续发展、社会福祉和生态保护的目标。通过具体的行动和项目，小森乡村HELP促进了乡村社区的发展、文化传承和经济繁荣。它是一个全面的行动计划，旨在为乡村社区创造更美好的未来。

唐：小森HELP相互依赖者宣言。

G：小森HELP相互依赖者宣言旨在强调社区成员相互依赖和合作的重要性。

1. 我们相信相互依赖：我们意识到我们生活在一个相互依赖的世界中，每个人都有独特的能力、知识和资源。我们相信通过分享和合作，我们可以共同创造更美好的未来。

2. 我们承认各自的价值：我们尊重每个人的价值和贡献，并认识到每个人都有不可替代的角色。无论是大事还是小事，我们都可以通过互相帮助来实现更大的成就。

3. 我们愿意给予与接受帮助：我们愿意提供帮助，无论是在技术、资源或知识方面。同时，我们也愿意接受他人的帮助，因为我们知道通过彼此的支持，我们可以更好地发展和成长。

4. 我们共同推动可持续发展：我们相信可持续发展是我们社区的未来。我们将努力保护环境、促进社会公正，并采取行动来解决当地和全球的挑战。

5. 我们倡导共享与合作：我们鼓励分享资源、知识和经验，以促进共享经济和社区合作。我们相信通过合作，我们可以实现更大的影响力和创造力。

通过参与这个宣言，小森 HELP 的成员承诺在他们的日常生活中遵守这些原则，并积极参与社区的合作和发展。这个宣言反映了小森部落或小森农院建立一个团结、互助和可持续的社区的价值观和愿景。

与 GPT 的交流过程：从“浸化论”到“进化论”，由“习学”而“学习”

最早与 ChatGPT 接触，认为它是一种学习工具，它的理解力和学习力是非常强的，随着不断的互动学习，我对 GPT 有了更深入、全新的认知和感悟，学习力和理解力是 GPT 的基础功能，它更强大的能力是与人脑互动的高效率归集能力、延续能力、模拟能力和响应能力。相信，随着与 GPT 的深入探知，将会发现更多“新大陆”。

“浸化论”与“进化论”，元宇宙时代，“进化”从“浸化”开始

在讨论“浸化论”和“进化论”之前，让我们先了解一下它们的含义。

“浸化论”是一个较为罕见的词，可能是出自某种特定的哲学

AI 生成的数字人

或宗教体系。在没有更多背景信息的情况下，我无法提供具体的解释或分析。

而“进化论”是一个广为人知的概念，它是关于生物界历史发展一般规律的学说，旨在解释生物种群的变化和多样性。根据进化论的观点，生物通过自然选择、遗传变异和适应环境等机制来逐渐改变和适应其外部条件。

关于“元宇宙时代”以及“进化”从“浸化”开始的说法，目前我尚未找到与之相对应的确切定义或相关的研究资料。如有更多背景信息或特定的领域，我将尽力提供更详细的解释。

通过“沉浸式体验”学习并感受元宇宙，实现从认知到实践的进化，我刚参加了硅基生命大行其道的云栖大会，深切感受到在“浸化”中“进化”的新文明时代习学方法

“沉浸式体验”是一种学习方法，通过将学习者完全融入某个环境或情境中，以提供更真实、身临其境的学习体验。这种方法通常结合虚拟现实（VR）、增强现实（AR）等技术，以帮助学习者更好地理解和掌握所学知识。

在云栖大会中，你可以通过各种创新技术和交互方式，如沉浸式展示、虚拟演讲、互动体验等来感受硅基生命大行其道的元宇宙时代。这种经历可以帮助你更深入地了解和体验新文明时代的习学方法。

通过沉浸式体验，你可以更直观地感受到元宇宙中的场景和应用，加深对相关概念和技术的理解。同时，这也有助于在认知层面上实现进化，提升个人对新兴技术和新思维方式的掌握能力。

值得注意的是，沉浸式体验作为一种学习方法，需要结合其他形式的学习和实践活动，才能取得更好的效果。在实现从认知到实践的进化中，除了沉浸式体验，还需要继续学习、思考和实践，以不断提升自己在新文明时代的应对能力和创新能力。

由“浸化”而“进化”，元宇宙时代“习学”>“学习”

我在现场用三分钟制作的书的封面

在元宇宙时代，我们可以将“习学”作为一个更全面和综合的概念来替代传统的“学习”。“习学”强调了学习过程中的沉浸、体验和实践的重要性，与认知进化和技能发展密切相关。

通过“浸化”（即沉浸式体验）来进行“习学”，可以提供更丰富、深入和身临其境的学习体验。这种体验有助于加强对知识和技能的理解和应用，并促使个人在认知和行动层面上实现进化。

在元宇宙时代，我们可以运用先进的技术和工具来支持“习学”，例如虚拟现实、增强现实、人工智能等。通过利用这些技术，我们可以创造出更多样化、互动性强的学习环境，帮助人们更好地适应并成长于新文明时代。

总而言之，元宇宙时代的“习学”强调了从被动接受知识到主动参与实践的转变，以及通过沉浸式体验来实现认知和技能的进化。这种方法可以更好地满足现代社会对终身学习和创新能力的需求。

这也是一种与时偕行的“新教育观”

将“习学”和沉浸式体验结合起来作为一种学习方法，反映了现代教育观念中与时俱进的需求。这种新的教育观强调学习者的主动参与、实践和探索，以及利用先进技术和创新方法来提供更丰富、个性化的学习体验。

在传统教育观中，学习往往是被动的，以课堂上的知识传授为主导。然而，随着社会和技术的快速发展，我们需要培养学生的创造力、批判性思维和解决问题的能力，使他们能够应对不断变化的世界。因此，新教育观强调学生的积极参与、自主学习和实践经验，以帮助他们在面对复杂问题和未知情境时能够灵活地思考和行动。

沉浸式体验作为一种新教育观中的学习方法，可以提供更直观、身临其境的学习体验，激发学生的兴趣和好奇心，并提供更多样化的学习机会。通过与时俱进的教育观，我们可以更好地培养学生的创新思维、适应能力和持续学习的意识，以应对快速变化的社会需求。

元宇宙习学体验馆

元宇宙习学体验馆是一个提供沉浸式学习体验的场所，旨在让参与者更好地了解和体验元宇宙时代中的新兴技术、概念和思维方式。

在这样的体验馆中，人们可以通过虚拟现实（VR）、增强现实（AR）、人工智能等先进技术，进入一个具有真实感和交互性的虚拟环境。这个虚拟环境可以模拟元宇宙的场景、应用和可能性，使参与者能够身临其境地感受到元宇宙。

在元宇宙习学体验馆中，参与者可以参加各种活动和体验项目。例如，他们可以探索虚拟的元宇宙世界，与虚拟角色进行互动，体验未来的科技应用，了解人工智能，学习关于数字化经济、区块链、生物科技等领域的知识，以及探讨关于未来社会的伦理、法律和道德问题。

这样的习学体验馆不仅提供了知识的传授，还注重参与者的互动、思考和实践。通过沉浸式体验，参与者可以更深入地了解和感受到元宇宙，从而在认知和行动层面上实现进化。

需要注意的是，元宇宙习学体验馆仅仅是一种设想，目前尚未普及或广泛存在。但随着技术的发展和人们对元宇宙的兴趣增强，未来可能会出现这样的实际场所，提供给人们更具交互性和身临其境的元宇宙习学体验。

（沉浸式参加云栖大会三天，第四天与两家元宇宙创业公司交流合作，其中一家是闻所未闻的“数字气味”体验馆——气味元宇宙。突然生发了“用气息去影响，用味道去传播”的想法——红芳手记）

探索编

一处村庄院落的功能涅槃：乡村新公共空间——非传统农业元素村集站；

乡村更新新动能：造梦乡村的新生代社群建设；

从浙江到山西，从安吉余村到太谷东贾村，从西湖长埭村到榆次后沟村，千万工程的迁移式创新，教授×青年×村长，行知合一。

小森村粹·村策·村教

在这本书的创作旅程中，我们不禁被生活的偶然性所感动。起初，这并非一项既定计划，而是在实践的过程中，我们被激发着，逐渐看到了书籍的诞生可能性。

这是一次充满偶然与意外的创作经历，正如小森与乡村的每一次碰撞、变化都充满了未知。在乡村振兴的探索中，我们发现了生活最深层次的情感，体味到了事业的起伏。

ChatGPT 成为我独特的创作伙伴，在每一个问题、每一个想法交锋的瞬间，我们共同见证了这本书的雏形逐渐清晰。交流中的点滴灵感渗透到每一页，成为文字中的一部分。

这不仅是一本记录乡村振兴实践的书，更是一次数字化时代与创作者之间的深度对话。希望读者在每一句对话、每一个交流的瞬间，能够感受到我们共同创作的喜悦和思考。

感谢 ChatGPT，成为我创作旅程中不可或缺的伙伴，也感谢读者们，因为有了你们，这段交流才变得更加意义非凡。

或许，这是一种对于自己所走过的路的回顾，一种深刻的情感流露。希望这本书，如同生活中的偶然一样，能给读者带来一份不经意的感动和共鸣。

愿你在每一页中，感受到我们创作的心情，共同分享这段创作的情感之旅。

李卓月：你对这本书可以创造一个词语吗？

ChatGPT：当然可以，我为这本书创造一个词语：生事。

这个词语结合了“生活”和“事业”的含义，旨在强调生活与事业的有机融合，以及在乡村振兴中创造和经历各种生动而有意义的事物。希望这个词语能够成为书中独特而深刻的象征。

何以小森？

以低碳、生态、共生、自然为理念，以乡村振兴、未来乡村画像为基点，被允许的青春，以创新、梦想为伴。以孵化联合更多以村业为理想发射点、想要创新创业突破自我向上的青年。

小森 BBS 是一个温暖、坚定以乡村为业的梦想发射基站，是创新、创业交流孵化平台。在这里，创新、梦想不再是空中楼阁，而是可以在乡村土地上扎根生长的实实在在的力量。

探索乡村的未知，小森 BBS 引领大家踏上一场新的冒险之旅。

小森 BBS 有三个栏目：

小森村教——新空间孕育新赛道。

小森村策——乡村的新路线。

小森村粹——村庄里的国粹。

小森村教，是我们对新空间孕育新赛道的美好信念。在这片乡村的新空间里，我们看到了无限的可能性，一片悠然的土地成为培育新发展赛道的沃土。

乡村，早已不再是被动的旧时光，而是一个充满活力和创意的新空间。在这里，田园风光承载着未来的希望，宁静的小村庄酝酿着勃勃生机。

小森村教的理念就是在这个新的空间里播种新的思想，培育新的产业。我们相信，每一个乡村都有独特的品质，能够催发出属于自己的新发展赛道。这不仅是对传统的颠覆，更是对未来的憧憬。

小森村教栏目鼓励创新，呼唤梦想，让每一寸乡村的土地都成为一个激发创意的孵化场。这是一个以新空间引领新思维的时代，乡村正成为新赛道的起跑线。

让我们一同在小森村教的光辉下，探寻乡村新空间中蕴藏的新发展赛道，开启一个崭新、充满希望的篇章。

小森村策，是我们对于乡村的新路线富有创意的构思。在这个理念下，我们致力于在乡村中寻找新的定位，通过巧妙的策划和富有意思的活动内容，为乡村赋予更丰富的生活色彩，激发更多人的参与。

在这片宁静而充满潜力的土地上，小森村策是一场对传统的重新解读，更是对未来的引领。我们深信每个乡村都有独特之处，可以通过创新的策略找到属于自己的新路径。

小森村策的核心理念是通过设计独特而吸引人的活动，为乡村注入新的活力。这可以包括文化节庆、艺术展览、农业体验等，通过多元化的活动形式让更多人走进乡村，感受到它的独特魅力。

我们鼓励大家一同参与，共同探索乡村的新路线。通过活动的丰富多彩，我们期待为乡村带来更多的欢笑、交流与发展，让每一个人都能在乡村中找到属于自己的幸福路径。

小森村粹为乡村的产品赋予具体的形象和可视化的感受。我们致力于让每个农产品都不仅仅是一个商品，更是一种身临其境的文化体验。

透过小森村粹，我们将乡村的产品呈现得具体而鲜活。不仅仅是农产品本身，更是背后的故事、工艺、文化。我们期望每一个品味者都能透过视觉、触觉、嗅觉等多重感官，深刻体验到乡村的独特之处。

这是一种让农产品拥有生命力的尝试，让每一个品项都有属于自己的独特形象。透过精心的包装、独特的文宣，让乡村的产品在人们心中拥有更加具体的形象，并让消费者在每一次的选购中都能感受到乡村的独特风景。

小森村粹的理念是让每一种农产品都成为乡村的一张文化名片，通过有形与无形的感受，让人们更深刻地理解和热爱乡村文化，领略乡村国粹的独特魅力。

小森 BBS 旨在以 AI 技术赋能，探索乡村的新边界，呼唤年轻人的热忱与创意。在小森，我们相信，每一片乡村都是一个值得被赋予新生命、被铭记的精彩篇章。愿您与我们一同走进这个探寻、创新、传承的小森世界。

小森村粹　村庄里的国粹

在杭州西湖撞见“温州村”，探寻长埭村茶、艺术、科技的未来惊喜。因一次鱼米之食与老乡的偶然相遇，小森团队来到西湖长埭村进行田野调查。

一幅美丽的乡村画卷在我们眼前徐徐展开。据村中人讲述，这个杭州的村庄竟有七成是温州人，他们大多是清代从温州平阳等地迁移而来的。如今，村民们大多数能说本地话和温州话，也保留着温州的传统习俗，不得不再次感叹温州人的创业“四千精神”（走遍千山万水，说尽千言万语，想尽千方百计，吃尽千辛万苦）。

长埭村村民雷叔手工炒茶

一次组织策划酒神节活动中，意外发现了隐藏在千年古村落中的瑰宝——后沟老酒。这一发现让我们深受触动，希望

村民在茶庄采茶

让有价值、有故事、有味道的优质农产品可以通过我们或者是更多人推广出去。

“小森村粹”全国好物征集组织活动正式开始，集结“村庄里的国粹”，打造一系列乡村生动的品牌故事。

长埭村，关于西湖龙井前身的旗枪故事，还有发酵茶九曲红梅，我们想要持续探寻与挖掘。希望通过与长埭村合作，将现代技术潮文化与传统工艺茶文化紧密结合，打造出一系列独特而有故事的艺术茶品。

我们对长埭村这个长长的泥埭产生了深刻的好感与与之相融的强烈愿望。长埭人从温州迁徙至此成为西湖茶农，如今作为原乡人与艺术新乡人共栖于此，还有更多行走至此的新一代温州人，或许以小森×旗枪作为新故事的开始，持续演绎西湖里的未来温州村……

小森村策　乡村的新路线

案例一：五阳村艺术节

新华社报道

山西襄垣：艺术节开启五阳村兴乡之路

日前，山西省襄垣县五阳村举办向日葵公益艺术节，以花田为介，艺术为媒，展现乡村文化的独特魅力和艺术的强大力量。

五阳村位于襄垣县城东南部，拥有多处极具观光价值的古建。本届艺术节融合艺术、工业、自然之美，打造独具特色的文化盛宴，推广乡村文化、促进乡村旅游发展，吸引了来自中央美术学院、中国美术学院、四川美术学院等国内高校学生及山西省青少年美术爱好者。

五阳村向日葵花田引客来

整个艺术节期间，五阳村的向日葵花田成为艺术创作的灵感源泉。五阳村聘请艺术村长助力乡村发展，为五阳绘就美好未来。艺术家们纷纷将他们对美好生活的向往和对自然的敬畏之情融入作品中，用画笔、相机等创作了一系列以向日葵为主题的作品。艺术节还举办疗愈系音乐表演、小森手绘等文化活动。同期，五阳村开启“公益老人画”活动，举办乡村艺展，为村民留下美好的笑容与希望，也进一步探索社会美育与乡村振兴的协同发展。

高校学生在向日葵花田写生

艺术节引来众多热爱艺术的青年

近年来，五阳村依托丰富的农业资源、旅游资源及区位优势，在农业产业功能基础上，合理开发利用农业旅游资源，将农业农村发展与旅游产业的建立与推广相结合，探索“以农促旅、以旅兴农”的农旅融合发展格局，致力于打造集向日葵采摘、油葵花籽加工、花卉艺术创作、艺术农产品加工、旅游休闲、文化交流于一体的产业生态系统。

案例二：后沟村酒神节

以酒为媒的生命疗愈场！走进后沟古村酒神节

“九九重阳敬老，后沟酒神有礼”，近日，在晋中市榆次区后沟古村举办的后沟古村酒神节活动以酒为媒，为大家展现出后沟古村的新面貌。

酒神节活动有趣且热烈，现场布置打卡装置与小游戏，民歌演唱，让人们互动参与，更好地体验后沟文化。“义剪”活动为

酒神节开幕仪式

老人们送上温暖与新的精神状态。

酒神节游客打卡拍照

游客品味佳酿，领取后沟老酒，逛酒窖，观看极具传统传承意义的敬酒祭祀仪式，深度体验后沟古酒独一无二的环境，参观绝无仅有的种、酿、藏全过程，看极品红高粱，经由土窑地缸古法酿造，再由洞穴窖藏，让人深刻了解到古村老酒作为新品牌而非传统意义上的旧品牌，凭借其独特的环境、深度体验、创新的生产方式和真实的品牌故事，满足了当代人对于个性化、真实性和参与感的追求。

此次活动由小森部落青年团队倾情策划落地，活动联合高校联盟，为小森农院进行揭牌仪式。山西乡村建设高校联盟秘书长张民省教授表示“后沟古村与小森农院结缘，与山西高校联盟的指导老师合作，携手红蓝融合乡村振兴浙晋青年实践队‘共赴乡村路，共探乡村业，共成乡村势’。青年是国家的未来和希望，也是

酒神节青年策划执行团队合影

乡村振兴的生力军。‘农村广阔天地，青年大有可为’。青年有担当，乡村振兴前景才会光明。热切希望有更多年轻人树立‘强农有我’之志，用智慧与汗水助力乡村振兴，也希望更多人可以来到后沟，了解后沟”。

后沟古村是难得一见的中国历史文化遗产村，这里浓缩保留了千百年黄土旱塬农耕文明的传统。在后沟古村，古朴的农耕文化、纯正的自然文化、传统的信仰文化、灵动的生态文化，构成了完整的民间文化体系。

现在，这里仍然保存着农耕时代的生产方式，这里有最原始的醋坊、油坊、酒坊、米店、豆腐坊等，石磨、石碾到处可以看到。

随着现代生活节奏的加快和压力的不断积累，人们的生活理念和生活方式也在改变，希望通过后沟古村这个自由、自然、原生态的空间，让更多人为自己的热爱奔赴，为自己的理想努力，人们可以在乡村撒欢儿和实践，在自然中办公。也希望这个过程让后沟充满新活力、新元素与新产业，用青年力量让乡村年轻。

案例三：东贾市集节

庙会 + 艺术 + 未来

——山西晋中市太谷区任村乡东贾村举办未来乡村市集节

浪漫七夕至，丰收正当时。8 月 22 日，任村乡东贾村举办未

市集节拍照打卡门头

来乡村市集节，在原来农村传统庙会的基础上，增加艺术和未来乡村元素。市集上既有吉利新能源车展，又有新教育、新金融理念加持，同时向持续投入乡村振兴的怡园酒庄陈芳、唐红芳等 5 位人士颁授荣誉村民，开启了美丽乡村在物质富裕后群众精神生活和村庄未来发展的新模式。

1996 年，东贾村人以敢为人先的闯劲，前所未有的创新，创造了农家乐的辉煌。2006 年，东贾村种植设施大棚，实现了富口袋。2018 年，东贾村先人一步种植彩椒，走出国门，远销俄罗斯，成为太谷农高区首种出口蔬菜。如今的东贾，已成为新时代美丽乡村新名片。东贾村党支部、村民委员会一直致力于东贾村的现代化发展，致力于为村民创造更好的生产生活条件。为此与

市集节开幕仪式

杭州众森联数字科技有限公司签订整村运营合同，一起为东贾村更好的明天而努力。“我们将在东贾村凝聚更多的青春力量，引入新的理念、新的技术、新的业态，促进一二三产全新融合，盘活乡村的潜力资产，着力开发生态资源，壮大村集体经济，提高村民收入，改善乡村环境，促进农业与其他全新产业的升级。”乡村运营师万小阳说。

村长与荣誉村民在签到墙签到合影

山西大学经济管理学院副院长石艳霞教授致力于在乡村探索新的教育方式，她发现乡村女性在培养未来接班人和实现乡村振兴中发挥着不可或缺的作用，因此希望通过开设乡村母亲课堂使乡村母亲与孩子能够共同成长。“我们以心理成长工作坊、青春期沙龙、专题讲座、读书交流等形式开展丰富多彩的课程活动，帮助家长们更新教育理念，掌握科学的教育方法，改善亲子关系。”

开展庙会＋系列活动，是任村乡学习推广浙江“千万工程”经验的新探索、新实践，通过文化、艺术、教育、整村运营等非传统农业元素与传统乡村庙会的融合，开启美丽乡村在物质富裕后群众精神生活和村庄未来发展的新模式，为全面推进任村乡农文旅融合发展起到积极作用。

艺术家为村民画像

村民观看戏剧大舞台

山下美术馆 AI 宇宙影子“玩不转”童话艺术展

“玩不转”儿童游戏区

关于“玩不转”童话，一起玩才玩得转主题艺术展，呈现的是一场融合了童话和 AI 元宇宙科技的奇幻之旅。

这个展览不仅仅是一个艺术的聚会，更是线上线下相结合的全新独特体验。用美感带领大家进入一个超越现实的宇宙，融合了有趣的童话元素和最前沿的 AI 科技。

在这个童话般的世界中，会呈现出熟悉的故事和角色，三只小猪、格鲁特等卡通形象，以全新的形式出现在大家的眼前。透过数字气味的植入，我们打破了传统感官的界限，五感齐集，在次空间感受到童话中从未感受的氛围。

这不仅仅是一场艺术展，更是一次对未来的探索。AI技术在展览中扮演了重要角色，为童话增添了现代元素。这是一次崭新的艺术实践，将虚拟与现实、传统与突破相互融合，呈现出有趣且意想不到的曼妙效果。

宇宙影子线上游戏

山下美术馆外景

“玩不转”童话艺术展与每个人共同体验一场前所未有的冒险，感受童话和科技

“玩不转”童话地图

的奇妙结合。大家一同探索这个独特的艺术宇宙，在这个神秘的乡村空间山下美术馆寻找到属于自己的宇宙影子。

案例五：山下美术馆的空中誓言

位于杭州新塘村山下美术馆的宁静山脚下，一场浪漫的无人机求婚编队在表演。在这个别开生面的艺术殿堂，爱与艺术交织成美好的誓言。

自然引来的美丽蝴蝶

山下美术馆无人机求婚

一群无人机在蔚蓝的天空中编织出精美的图案，犹如画布上的绚丽色彩。这不仅是技术的展示，更是对爱情的赞歌。在这场别开生面的求婚表演中，山下美术馆将见证一段新的人生篇章。

表演中，每一架无人机都是一份用心的祝福，将情感和艺术融为一体。它们舞动在空中，宛如爱情的缠绵，而山下美术馆的大地成为这场空中誓言的见证者。

这一刻，山下美术馆不仅是艺术的殿堂，更是爱情的舞台。

无人机在天空中绘出了一段独一无二的故事，为这个特殊的时刻刻下美好的瞬间。

这是一次别开生面的求婚，融合了艺术、技术和爱情。山下美术馆成为这段爱情故事中的独特背景，见证了一场空中誓言的绽放。

小森村教 新空间孕育新赛道

青年破圈行动，在乡村新空间打开任督二脉

发现偶然发生的规律，基于生活，遇见事业，自然而然。周末在长埭村青年破圈活动已经结束，却回味无穷，一群不相识的人相遇，第一眼就找到归属感。

徒步活动合影

徒步小伙伴休息畅聊

偶遇登山顶球的旅友

在爬乡村野山的过程中，我们置身于大自然的怀抱，大家相互扶持与向前，每时每刻都能感受到内心的无限丰盈。

偶遇顶着足球爬山的大叔，伙伴们与他一起热情地交谈起来，好奇的小伙伴将球顶在头上才发现确实不容易。从大叔口中得知，他精通十八般武艺，顶球直立爬山的功夫练了 20 天就成了。我们唏嘘不已，任何看似容易简单的事背后都是深厚的基础，并且不止一种，是各种技能交融后形成的一个独特不可替代的自己。

大家持续登顶，中间无数次“想放弃”都被山上可能看到的美景冲淡了，有一名小伙伴喊出了“有坚强的朋友，才有坚强的队伍”。抵达山顶的那一刻，才真正感受到，一切的行走都不白费。大家一起在山顶完成插旗仪式，为登顶画上一个圆满的句号。

速度极快地下山，一群人欢脱地跑到雷叔茶庄，一壶九曲红

山上的风景

梅暖了每个人的手，也了解到中国传统茶文化、茶工艺与品茶之道。

AI 时代，各行各业从事着不同工作的每个人，在乡野自然、甜美空气的渲染下，终于可以卸下平时的盔甲，谈困惑、讲理想、话未来。一场轻松且愉悦的脑暴活动，随着夜幕的降临，在村中网红餐馆聚餐后便结束了。

这次活动的开启更加坚定我们持续下去的信心，年轻人需要

小森 BBS 乡村观察队插旗仪式

小伙伴们开心下山

机会，需要在日常窄窄的办公空间之外，有更多看到梦想的契机。

跨行跨圈，跨界融合，我们希望更多人能够以放松、轻盈的方式，在大自然与天地交融的环境里找到自己心之所向的另一种可能性。

我们想为未来探路，放大自己的梦想，而不是放大自己的欲望。

在这个充满竞争和变革的时代，只有勇于冒险去尝试新的技术、行业或领域，激发自己潜在的能力和热情，主动踏出舒适区，勇于挑战自我，才能在间隙中慢慢寻找到赖以生存且诗情画意的人生新赛道。

村民雷叔家茶话会

登山沿途风景

解读小森农院①

按语：山西，从大院到“小院”

（一）小森是个什么小院？

（二）小院做了什么？

（三）为什么是小院？

（四）连筋通脉的小院山西

我是山西省太谷县小森零碳农院（以下称小院）的创建人唐红芳，感谢大会组委会的安排，有幸在这里介绍我们的小院，希望得到大家的关注、指导和批评。

我的介绍包括如下四点——

（一）小森是个什么小院？

小森零碳农院位于山西省国家农业高新技术产业示范区——太谷县东贾村中，是由我和山西大学乡村振兴研究院、山西大学

① 2023 年 9 月 23 日，在山西大学百人论坛暨百所高校联盟大会上的报告。

黄土所教授贾宁凤、杭州众森联数字科技有限公司负责人李卓月及相关团队，在指向乡村的“庭院经济”领域的一次长久性尝试；旨在进行未来乡村零碳化、品牌化、艺术化、数字化等“四化建设”，共情、共识、共建、共享等“四共建设”，生产、生意、生活、生态等“四生建设”；以四化、四共、四生的方向和方式，努力促进新境界乡村的营造和完善。

小院之于乡村的中近期目标是——

美丽乡村深度和谐

人文乡村富有活力

目前，小院受到山西各级政府、山西若干高校、省内外媒体等社会各方的广泛关注，已成为一个集经济、文化、教育、政治等多领域内涵的集合体。楼面、院外挂有“山西大学乡村振兴学院贾宁凤教授工作站”“红蓝融合文化乡村书屋”等多块门牌。

（二）小院做了什么？

2009 年，我个人出资在太谷县东贾村选址建造了小院；我将自己在省城、在全省其他一些地方进行的发展乡村文旅和乡村振兴的实验和尝试，集中于小院，进行产、学、研，农、教、文等多系列的综合式创新研究和实践。建院当年，小院参与策划实施“山西省农旅卡金秋行动”，带动全省 132 家乡村旅游点，同期带动东贾村成为“农旅采摘第一村”，带动周边万亩果蔬长廊成为都市圈“近地果蔬”零碳行动的早期引领者。

10多年来，小院承载着农旅一体、产消一体、城乡一体试验与实践；已有多位高校教授紧密式驻院和松散式驻院，带领多批大学生前来调研、参观、活动；也有各级党政领导前来调研、指导；有作家、艺术家前来参观、调研、开展活动并捐赠图书：有归国华侨与小院建立联系，调研、参观、学习。我代表小院，下乡、外出调研不计其数。小院主人与驻院者、来宾，互为宾主，抱团取暖，交流必交心，活动很活跃。

2022年，小院进行了第四次升级改造，定位零碳，命名为“小森零碳农院”，以人气与烟火气为核心的小院，配备“雨水花园”循环系统，“餐厨残余”沤肥设备，有机菜地以及亲子娱乐场景；并开启数字游民、乡野趣玩、零碳共创、教授课研、乡创客营地、乡村会客、互助乐活等多种功能的新生活新事业乡村实验与实践。

小院正在成为“以深度脱碳”为宗旨的项目集合点，我们创建的农高区首个生物旱厕已落地东贾村，近地果蔬生活实验已成为农院日常，生活垃圾基本实现院内转化。

2023年5月14日，山西大学乡村振兴研究院院长马华带领团队，赴小院调研访谈。我作为小院创建人详尽介绍了“零碳小院”的定位与规划，展示了小院实现“垃圾不出院，院内碳循环”的零碳理念与庭院实验。马院长一行兴味盎然地提出合力打造

“智慧小院”的动议；同时传达了一条重要信息——国家教育部征集高校小院名单，我们小院作为山西首家，已经上报。

本次交流，马华院长结合自身在全国各地的课题研究与实践调研，对东贾村、东卜村的连片开发，提出了高屋建瓴的建议，当场决定了山西的校村合作模式落地小院。马华院长一行的到访，促进小院对入村企业、乡村村委和高校之间深层交流与融合的带动。

2023 年 6 月 2 日，红蓝融合创新实践中心、红蓝融合（山西）创新实践基地体系中第三家“红蓝融合”乡村书屋，在小院挂牌，我和驻院教授参加仪式并讲话，来自山西省朔州市的学者、作家应邀参加。活动中，大家一致认为，红蓝融合文化对于政治、文化的研究和推进，是守正创新的，是挖掘巨大能量的道路，它将带给山西文化创新、社会发展的上游性契机；“红蓝”的指向可以对应事物的多个方面，而小院恰好是这种创新和对应的枢纽与典型。其中，朔州市李林英雄文化研究会会长在发言中表示，将为小森农院的红蓝融合文化乡村书屋捐书捐刊 100 册；后来，此项捐赠高达 230 册（套）之丰。

我和山西财经大学硕士生导师吴春香教授、山西传媒学院副教授侯小丽等学者共同参与研究“发展壮大山西专业镇研究”课题，是为山西省高质量发展课题。2023 年 9 月 9 日，我们策划并服务课题组一行赴太谷玛钢专业镇会展中心和生产车间进行了调研。

（三）为什么是小院？

我们小院是立足中国北方大地的一个普通的乡村农院。但因为我们是带着初心而来的，所以我们懂得自己的使命——探索中国乡村振兴之路，调整乡村人文生态，破解乡村进步的堵点、卡点。

乡村建设和乡村经济的话题，是我放不下的心结。我发现，山西这只椭圆的山地金盆子，里面堆满了明清两代众多驰名大院带来的物质财富和文化财富。从系列大院开始，乡村喂养城市已是漫长的历史；城市如何反哺乡村却如幼儿园的中班生。我想让这个中班幼儿快快长大，快快出班，我联想到并学习了把目光与注意力投注到乡村进行持续实验的晏阳初、梁漱溟、费孝通等前贤，我想今天的山西所需要的不再是大院，而是小院。大院是传统文化的，是商贸财富的；小院则是现代文明的，互联网与物联网相结合的现代科技的。我深感时代洪流，滚滚滔滔；补天女娲，迹如神话；而我所能做的，也不可能是大院，只能是小院。

晏阳初先生于 1929 年到定县主持农村教育与建设工作，全面改革研究与实验，以此作为整个中国社会问题研究的试点，并创造了“定县主义”和“定县精神”。这是晏阳初个人一生事业走出的决定性一步，也是中国乡村建设迈出的最早的步伐。费孝通先生是怎么讲的？流传最广的是“出主意，想办法，做好事，做实事”，还有“脚踏实地，胸怀全局，志在富民，皓首不移”，又如“各美其美，美人之美，美美与共，天下大同”。想到前贤，我也曾心生惭愧，我怎么敢和他们相提并论？但是，我的紧接着的第二个念头是：他们在成名之前的奋斗过程是怎样的？一定是不计得失、不问收获的勇毅前行。今年五四青年节，习近平总书记回复中国农大“科技小院”的信，就是对我们的模式的肯定，我们作为乡村新生活运动的早期实验者，信念更加笃定。山西大学乡村振兴研究院院长马华教授在全国首提的“新乡贤”概念，使我树立了以小院为基点扩展自己的成果的新的信念。首个挂牌并入驻小院的贾宁凤教授，被东贾村村长誉为“东贾新乡贤”，表示要接受贾教授为村议事成员，形成新乡贤与乡村、村民之间的人文链接。

在我国乡村振兴的大背景下，对于搭建一座全新的零碳功能性乡村旅游综合体，我提出了一些属于全国首创的理念和设计。我思考并实施多条脉络的事业，比如做青创客——青年创业员。绿色转型，乡村要带头做新产业，一定是清洁能源。他们将来养羊的羊圈，养鸡的鸡舍，都可以是清洁能源的。小院的邻居已复制成功，养种的西梅特别贵，法国的酒庄在葡萄园里做直播。更重要的是，小院成为理念、信念、精神、文化的传导者，集散地；小院既有英雄文化的引进、再培育、再传导，又有华侨文化的结合性推广、发展。我们提炼并传扬一种新的思想方法：精神是树木，文化是土地；我们研究什么土地生长什么树木，也研究什么树木生长于什么土地上；我们不但为树木修枝剪叶，也为土地改良土壤、增肥增水而努力。学者、教授们在这里发现了前瞻性；党政领导和教授们都看到了小院在当下振兴乡村事业中的普及价值。

一个不起眼的乡村院子，不同视角下不同的“是什么”，让我们惊奇。我从都市“逃离”到乡村创建小院，跟随而来了一批又一批的“逃离”者，得到了各种被发现、被定义。小院的意义和价值，正在于代表了不同人群心之所向、心之所需的社会趋势。

（四）连筋通脉的小院山西

小院，是文化传导小院，是科技演习小院，是经济示范小院。小院走在未来的群星璀璨的山西小院之前，我们已经解决或可以解决什么问题？是思想方略、文化方向、研究方法。由于小院方式的文化融合，意识形态可亲可感，可以美学身份充分调动社会力量；社会力量如潮如浪，可以自然生态源流注入意识形态。小院文化之下，所有的精神谱系，都将呈现以人民性、历史性、文化性；所有的地方文化，都将透射出传统性、英雄性、美学性；所有的科技与信息，都将信手拈来，平易近农。

小院文化对于所有意识形态范畴的研究和推进，是守正创新的，是一条挖掘巨大能量之路；它将带给地方以文化创新、社会发展的上游性契机。小院文化的指向，可以对应、分析、解释事物的多方面；可以将富有地方特性、民族共性、世界通性的英雄文化放在人类学范畴进行解释；可以将各种精神谱系用未来学进行解读；可以在为所有的机构、组织、集团的行政能力、行为能力有机勾兑、强大赋能的过程中完美运用组织学。

小院文化不是封闭的，而是开放的。小院文化的主张是将所有抽象的、笼统的大概念，化为生动鲜活的文化载体，与人心共舞，与山西共舞，与未来共舞。捕捉正在发生的未来，是前小院和后小院共同的使命。众森联作为“小森零碳农院”青年团体乡村运营商，以“小森”品牌形象为输出，结合南方先进理念与做法，全方位输出乡村“新动向”，实操实践，为山西农高区乡村产业运营及升级交出一份答卷。作为以思想产品为着力点的课研型乡村小院，我们相信，高校智库下沉乡村，南北理念融合，小院的方寸之地，在乡村的广阔天地中，当下有为，未来可期。

乡村振兴的密码，也许不仅仅是村容村貌的提升，也是一次乡村精神的重大变革，是乡村社会人文的调整与发展。小院作为乡村议事会址，迎接全国各地的乡村人，同商议，共实践。小院在迎接了一批又一批客人的同时，发现来到这里的每一位，都希望成为乡村的主人，为乡村焕发新的活力。

如果说，小院为新时代伟大的乡村振兴事业提供了一些值得参考的尝试和经验，那么我可以大胆地说，开放的山西需要众多小院，有了群星璀璨的、系列性的小院，山西这只椭圆形的金盆子必将以开放的姿态与广阔的世界对接、融合。小院是山西开放的助推器。山西需要群星璀璨的小院，需要连筋通脉的小院。连筋通脉的小院群星将要淹没小森零碳小院，那时，是我和小院人最幸福的时光。

（此报告感谢李林英雄文化研究会会长王宝国整理、提升）

小院作为

小森零碳农院由杭州众森联团队倾情打造！耗时两个半月，从品牌设计、零碳理念植入、乡村婚礼展现、独创功能区域，全部由主创团队完成。在我国乡村振兴的大背景下，他们搭建了一座全新的零碳功能性乡村庭院综合展示空间！部分理念设计为全国首创。

小森零碳农院位于山西省太谷区东贾村，是集绿色能源、餐饮、民宿、文创等于一体的未来生态家园，由杭州众森联团队将传统农家小院改造而成。院子在原有旧房基础上，增加了中国传统建筑砖木结构、农耕秸秆屋顶以及太阳能光伏系统等，不仅增添了空间美观性能，也有助于建筑物保温和采光，较大幅度减少了建筑物室内外照明和温度调节所需能耗。

随着国家“双碳”战略目标的提出，环保清洁等可持续能源越来越受到人类重视，新能源的清洁化已经成为全球能源的发展趋势。为此，小森零碳农院除乡村民宿、乡村餐饮、乡村采摘功

菖吉屋

能外，还独创了六个个性化功能区域，分别为雨水花园系统、聚光产热系统、太阳能光伏系统、空气能循环系统、酵素有机系统和清洁炉灶系统，能够利用院内的清洁炉灶和太阳能电器，满足室外烹饪、绿色照明等生活需求。农院门口还搭建了自养型无水生态智慧厕所。在改善乡村卫生的情况下，减少传染性疾病传播的途径，优化了乡村人民居住环境。通过微生物分解技术，其降解后的残渣可作为有机肥料直接用于蔬菜或各类植物的种植，实现了零污染、零排放，通过资源节约和有机废物的循环利用开拓出循环经济的新模式，实现能源自给自足与智能调控。

零碳属性之外，作为一个文化传播品牌、一个创意生产空间、一个数字赋能机构。小森农院的多元应用场景延伸出零碳共创社、山西大学乡村振兴研究院、乡野趣玩社三大资源共享组织。来到小森零碳农院，还可以参与圆桌论坛、手作、沙龙，品尝咖啡与酒……为了顺应新时代的发展，满足社会的新的需求，重塑乡村农家旅游新格局，在刚刚结束二十大之际，小森零碳农院率先为乡村振兴、集体经济增收作出一个全新的尝试，蹚出一条全新的道路。

农院课堂

“玩不转”儿童游戏区

小森田野调查：

小森零碳农院位于山西国家农业高新技术产业示范区，旨在以未来乡村四化建设“零碳化、品牌化、艺术化、数字化”，四共建设“共情、共识、共建、共享”，四生建设“生产、生意、生活、生态”，让乡村更美好，让乡村充满未来与活力。

4 月中旬，山西大学贾宁凤教授带领她的 19 位研究生来到小森零碳农院，真正将课堂搬到大地，让新鲜的血液感受乡村这片赤土，把希望的种子播撒在这里，用青年力量，让乡村年轻。

未来乡村：用青年力量，让乡村年轻。

乡村课堂：陌生的土地，腥气的泥土，荒芜的山崖，这是学生们对这里最真切与直接的感受。每一个乡村的年轻人都走向了陌生的繁华，回头望时，却再也回不去了，只剩下一片泥土与无法留下的家乡。

青年细语：

01 泥土为伴，最贴近真实的样子

这是一次特别的田野课程，虽然是雨天，大家还是如约到达了东贾。一起包饺子、炒菜，天气虽冷，但大家在一起很温暖。在西梅园见证了一棵树的领养过程，每个人的鞋上都黏上了厚厚的泥土，也是一种别样的乐趣。

——李红霞

02 课堂带到大地上，见证不同的乡村

今天是非常有意义的一天，和老师、同学们从课堂走到乡村，一起见证了和我生活的、印象中的不一样的农村，这个过程宝贵异常。零碳小院的发展会对我们的乡村产生举足轻重的作用，希望可以大力推广。

——李菲

03 乡野的气息，才带着生活的味道

过久了城市生活，已经逐渐让我忘记乡野的气息，城市里看不到成片的田地，也闻不到带着青草香味的空气，柴火灶与大铁锅，爆香的豆瓣酱，与朋友们的欢声笑语融在一起，这是真正生活的气息。

——刘佳

04 忘却刻板印象，为乡村注入年轻的力量

经过此次的太谷东贾村实地探访，我们更加深入地了解了农村的情况。所见到的一切都给我们带来了深深的感悟，一些新奇的设施以及规划也改变了我们对农村以往刻板的印象。同时，作为研究生能够深入基层，了解实情，并为乡村振兴奉献自己的力量，是我们的奋斗目标，我们一定会坚定地在这条道路上走下去。

——樊青卓

05 走出教室，看到最普通与最不平凡的乡村未来

教学走出教室、走向山西最普通、最平凡的新乡村，在这里体验了集开放式理念、创业者培训、乡村振兴基地为一体的农家小院，此小院突破了传统商业经营模式的农家乐，在这个小院里，没有商业铜臭味的装修风格，有的是用心在传递、用心在表达创业理念，有地地道道的山西风土人情，感受最多的是淳朴生活与生态理念的完美融合，集无碳公厕、餐厨废物再利用等为一体的具有引领中国未来乡村建设、实现双碳目标的典型发展模式，是保留乡土风情、结合生态环保绿色低碳的乡村振兴标杆。 ——郭震

调研小组于小森零碳小院合影

在这里，迎接了一批又一批客人，
乡村振兴的密码，
也许不仅仅是村容村貌的提升，
也是一次乡村精神的重大变革。
来到这里的每一位，
都希望成为乡村的主人，
为乡村焕发新的活力。
小森零碳农院作为乡村议事会址，
迎接全国各地的乡村人，
在这片沃土，同商议，共实践。

捕捉正在发生的未来

山西大学乡村振兴研究院执行院长马华调研小森零碳农院

小森零碳农院

这是由山西资深媒体人唐红芳女士和山西大学乡村振兴研究院、山西大学黄土所教授贾宁凤、杭州众森联数字科技有限公司负责人李卓月及相关团队在“庭院经济”领域的一次重要尝试，她们立足中国北方大地上一个再普通不过的乡村农院，探索中国乡村振兴之路，破解乡村的堵点卡点。

2009 年在太谷东贾建造的承载农旅一体、产消一体、城乡一体试验与实践的农家小院，在当年参与策划实施“山西省农旅卡金秋行动”，带动全省 132 家乡村旅游点，同期带动东贾村成为采摘第一村、带动周边万亩果蔬长廊成为都市圈“近地果蔬”零碳行动的早期引领者。

2022 年，该农院进行了第四次升级改造，定位为零碳农院，并开启数字游民、乡野趣玩、零碳共创、教授课研、乡创客营地、乡村会客、互助乐活等多种功能的新生活新事业乡村实验与实践。

小森零碳农院正在成为“以深度脱碳”为宗旨的项目集合点，农高区首个生物旱厕已落地东贾村，近地果蔬生活实验已成为农院日常，生活垃圾基本实现院内转化。

2009 年山西农旅卡工程

2023 年 5 月 14 日，山西大学乡村振兴研究院院长马华及团队，于太谷区东贾村“小森零碳农院”进行调研访谈。零碳小院创建人详尽介绍了“零碳小院”的定位与规划，以人气与烟火气为核心的小院，配备“雨水花园”循环系统，“餐厨残余”沤肥设备，有机菜地以及亲子娱乐场景，展示了小院实现“垃圾不出院，院内碳循环”的零碳理念与庭院实验。

课研工作坊挂牌

马院长一行对“零碳小院”表现出浓厚兴趣，并兴味盎然地提出合力打造“智慧小院”的动议。

马华一行合影

小森零碳农院创建人唐红芳讲解小院

国家教育部征集高校小院名单，零碳小院作为山西首家已经上报。

这是马院长在“零碳小院”交流中传达的重要信息。小院的共享共建者都为此振奋。

本次交流，马华院长结合自身在全国各地的课题研究与实践调研，对东贾村、东卜村的连片开发，提出了高屋建瓴的建议，结合他自身在广东蕉岭县深耕 15 年的党建 + 乡村治理的成功经验，当场决定了将校村合作模式落地“小森零碳农院”。对于壮大集体经济难点问题，提出了可行的思路。

马华院长一行的到访，带动了入村企业、乡村村委和高校之间的深层交流与融合。

作为以思想产品为着力点的课研型乡村小院，得到在国内政校智库具有较高较广影响力的马教授关注、调研、指导，既是新的起点，更是正在发生的未来。

村长×教授×青年

关于马教授在全国首提的“新乡贤”概念，东贾村成村长当即表示，将贾教授这样的“东贾新乡贤”纳入村议事成员，积极配合新乡贤们与乡村、村民之间的链接。

首个挂牌、常态驻村维护小院日常的贾宁凤教授，信心倍增，她用实际行动证明了，只有住下来，心系乡村，才能发现真问题，这才是课研最精确的切口。五四青年节，习近平总书记回复中国农大“科技小院”的信，既是号角，更是东风，我们作为乡村新生活运动的早期实验者，更加笃定我们的所作所为。

众森联作为“小森零碳农院”青年团体乡村运营商，以“小森”品牌形象为输出，结合南方先进理念与做法，全方位输出乡村“新动向”，实操实践，为山西农高区乡村产业运营及升级交出一份答卷。

我们相信，高校智库下沉乡村，南北理念融合，小森零碳农院的方寸之地，在乡村的广阔天地中，当下有为，未来可期。

“红蓝融合·乡村书屋”落地小森零碳农院

唐红芳为乡村书屋发言

2023 年 6 月 2 日，红蓝融合创新实践中心在山西省太谷县任村乡东贾村小森零碳农院落地“红蓝融合·乡村书屋”，并举行挂牌仪式。

小森零碳农院相关团队表示此次乡村书屋的发起，是以“书”为媒，让更多人走进小森零碳农院，让这里的遇见，是乡村与各界的碰撞，让乡村铺满大地的智慧与城市的多元产业相融。

朔州市李林英雄文化研究会会长在此活动中表示捐书，当即开启发布征集图书捐赠启事。

小森零碳农院挂牌有山西大学乡村振兴研究院贾宁凤教授乡村工作室暨研究生实践基地、零碳共创社、晋中市乡村振兴协会、晋中市电子商务协会、山西易量数值公司、数智社慧、乡村会客厅、小森乡野趣玩社等多个项目。

后院是起名“莒吉屋”的星光小院，草棚一所，院落两层，一到夜晚，就被星空点亮。小森零碳农院是以“小森”为 IP 的乡村品牌，为集合与乡村产业升级相关产业集群，也是生产艺术、数字、文化的聚集之所。

红蓝融合·乡村书屋为小森零碳农院又添新翼。我们将开展捐书事宜，召集关注乡村的伙伴们共读书单，共建书屋。

李林英雄文化研究会会长王宝国老师发言

红蓝融合·乡村书屋活动合影

小院后院场景

用青年力量，聚集人间烟火

> 互联网+
>
> 青年乡村调研
>
> 年轻人：一群自己未来不知在哪里的人，天天操心人类的未来。
>
> ——杭州云栖小镇名誉镇长王坚

5 月的尾巴，小森零碳农院迎来了一群可爱的小伙伴，他们是大一的新生，满怀着青春的梦想，寻找一片可以承载自己的空间。

从怡园酒庄到温泉小镇，再到蔬菜大棚，东贾村的周边有着丰富的产业资源，最终回到小森零碳农院时，大家对于乡村有了新的认知。

乡村是独有的生活场景

乡村不是艺术家的试验品，也不是乡土文化的博物馆，更不是城里人的后花园，它是农民生存与生活的场所，是中国现代化

年轻大学生与老师在东贾村

大学生与老师参观东贾村国际酒庄

小森零碳农院合影

大学生与老师在东贾村游玩

小森零碳农院后院场景

学生们开心玩耍合影

美丽晚霞中学生剪影

的蓄水池。只有真正了解住在乡村的人，达到共情，才能实现乡村业态的升级。

乡村是一切“从未”的开始

这里承载着太多的“从未”，从未见过的零碳小院，从未听到的奇特想法，从未领略的别样乡村，这里聚集着各式各样的青年、学者、创业者、村民，大家聚集在一起，像一种不灭的光，生生不息。所有“独一无二”的聚集，让一个人的力量成倍发挥。

乡村是“未来”的未来

“举灯铺路搭平台，蹚坑试错创未来”，这是老师们对我们说的，就像对小院的第一眼，特别且好奇，然后想一起做点什么，可能这就是榜样的力量吧。

乡村是发现不同的人

他在讲话时总是羞涩地笑着，略显局促的话语中无不显出他对于乡土最为真挚的愿景，他凝聚了乡村沉甸甸的愿望，他是一位内蒙古的青年，他放大了我对乡村的认识。

乡村诠释的是与城市不同的故事，是浮华后人与自然相处的宁静，是思潮的发源地，饱含着诗情画意与人间烟火。这样的片刻安宁，是中国发展新的阶段，逆城市化，在用“乡村的方式”

塑造一种新的生活，追逐自由与独立，探索人与人的关系，重新建立信任与商业道义。

乡村需要青年用鲜活的生命力再次打破历史长河中终究要被打破的顽固，青年更需要在新时代的浪潮里在乡村的沃土上大展才华。

小森零碳农院，
用青年力量，
让乡村年轻，
重拾生命里的那一丝
“烟火气”。

最后，小森零碳农院感谢北汽对于此次活动的赞助，为零碳增添新元素，为青年人提供支持。愿长此以往，乡村、青年、零碳擦出新的火花。

小森乡野观察实践

对乡野的审美是生态哲学的慈悲心，我们不断参与、实践、调研、了解不同乡村的发展历程与现状，AI时代将会与爱乡者共同创造全新独特的未来乡村。

绿水青山的青春启航

浙江湖州安吉县的一个村庄，余村，因四面环山绕竹而交通不便。几次不经意的到访和一次深度参与的全球合伙人活动，让我们更加了解这个地方。从工业矿区到现在现代化极强的余村，这样巨大转变是一场新乡人、原乡人、归乡人、游乡人各类人群融合的成果。

上海电影厂、手工作坊、全媒体运营、机器人工作室等各种各样的全新业态在向人们展示。夜空灯光秀、图书馆、小酒吧、咖啡店、烧烤长廊等等的建筑和新基建在山体下展现着未来的气息。随处扫码也可链接线上元宇宙的虚实场景。

大家在这里，最直接的感受一定是对青年的诚挚邀请，“青

全球合伙人活动青年座谈会

余村青来集

来集”无时无刻在向全球的年轻人邀约，邀请大家在余村发生点什么不一样的。农户走访，花海提案，旷野嘶吼、在大自然工位恣意，奇奇怪怪又真切的体验，大学生、有志青年，在余村探访、创业的小伙伴越来越多了。

这里在创造梦想空间，乡村是一片试验地，很多东西不是学来的，而是做出来的。青年在这里的意义，大概就是试错，不怕后果。

废弃矿山下的童话世界，小森带你玩转气味元宇宙

杭州西湖区双浦镇新塘村，逐渐形成不同形式的摄影基地，网红打卡地，房车露营地等新兴业态，AI 技术也植入在乡村的各类场景中。在这里，科技与自然交织形成一幅奇妙的画卷。

山下美术馆“玩不转”童话艺术展

在新塘村，废弃的矿山不再是沉寂的荒地，而是一个充满生机与活力的童话世界，山下美术馆，将矿山的疤体改造成美丽梦幻的世外桃源。在这里也将带大家领略一种前所未有的感官体验——气味元宇宙。

小森，作为众森联旗下的乡村品牌，旨在践行浙江省千万工

程，以生态、自然、关系、人为第一生产力的发展理念，为乡村带来新的生命力。

在气味元宇宙中，万物皆有其独特的芬芳。这里的花朵、树木、矿石，都弥漫着生命的气息。每一寸土地、每一片空气，都充满了自然的韵味。在这里，你可以感受到大自然的呼吸，可以感受到万物的生命脉动。

山下美术馆“玩不转”童话蘑菇展

跟随小森的脚步，共同探寻奇妙的童话世界。一起感受那些隐藏在矿山角落的秘密，那些被遗忘的角落如今都变得生机勃勃。感受那些未曾被发现的芬芳，那些令人心旷神怡的气息。

在这个世界里，你不再是被动的观察者，而是成了一个真正的参与者。通过气味元宇宙的设备，去感受每一个生命的气息，去体验每一个瞬间的美好。与小森一起，去探索这个世界的奥秘，去感受这个世界的美丽。

站在未来看当下，我们看到了一个充满无限可能的世界。废弃的矿山，也可以成为童话的世界；气味元宇宙，让我们的感官体验到了前所未有的新奇。让我们跟随小森的脚步，一起探索这个奇妙的世界，一起感受生命的美好。

温州农业村庄的典型变迁

万二村位于温州乐清市天成街道，二十几年前是以农业为基的小山村。温州人在九十年代很多都离开了家乡，进行西部大开发，在各个地区发展浙江村，以这一模式带动各地民营经济。

道路狭窄，没有灯光，四处都是小木屋，石头房，凌乱田地，这是万二村在九十年代的场景。北方城市与温州乡村有着巨大的差距，没有大巴车，也没有三轮车，周围漆黑一片，这时候大家的居住场所仅仅是一个小石头房，在这里还会居住着老鼠、小虫子。城乡不通，乡村与城市之间有着巨大的信息差。城市是宽广的道路，交通，学校，商超，乡村是田野，植物，河流。但种在地里的庄稼，丝瓜，青菜，青蛙，蝌蚪等构建出的乡村世界里好像可以忘却时间，美好而恣意。

万二村花田

2013年温州天成乡，改名成了天成街道，这时的这里的路面平整，田地也变成了集体管理，有很多的工厂入驻进来，很多本地人，外来人都在这里上班。陆陆续续周围进来的很多工业企业，让这里形成了工业园区，大家也从农业种植慢慢走上了工厂务工，工程建设。村民的经济得到了极大的改善。

天成街道工业园区

甚至有一些胆子大的村民，整合地方的几户就到全国各地投资地产，有的发了财，有的破了产，也就是温州早期炒房团。那时候温州人除了工业做鞋子之外，还有一些投机者，想着一夜暴富去炒房，但很多人却因此倾家荡产，背上了十几年，甚至永远无法偿还的债务，有一些村集资几个亿去投资，平衡到每一户之前两百万起步，对于早期通过农业，工业，服务业，贸易起来的家庭，这也是一笔巨大的投资，因为这样的粗放式经济，以及温州独特的地理区位，有的人破局，出了国，有的人破产，没了命，还有一些人本本分分陪伴着温州发展，也有因为资源匮乏，再度外出创业的人们，村庄一直得不到很好的发展。

万二村古桥万桥

大家把在外赚的第一桶金木头房，石头房改建成小洋楼，乡村的整体风貌发生了变化，由于大家都是在五湖四海做生意，带回来的房屋设计都不太一样，因此就有了多元融合的温州文化特色，每一个房子都是一种风格，政府也开启了四通，通水，通电，通路，通网，五水共治等，万二村从一个破败的乡村，渐渐不同起来，村庄的村民十分热情，家家户户都会相互帮助，相互赠予农产品等，形成了当地的互助文化。伴随着时间推移，村集体经济也有了效益，每年都把这一部分经济投入二次建设，公益事业中去，不断提升乡村的文化内涵，物理空间，各类配套。政策从22年到27年的5年规划，像一双无形的手，一直在推动着乡村发展，回望天成乡，从一个依靠农业的小乡村，到现在发达的工业，服务业落地深耕，也有很多的农家乐，民宿等，乡村正在以前所未有的速度发展着，这里的人和事都在发生变化，但是有一些记忆不应该被我们遗忘，艰苦奋斗的岁月里，是一代又一代的人，将万二村建设得更加美丽，美丽乡村到未来乡村，下一个5年，10年一定会慢慢实现，现在的万二村有了法律援助，乡村医院，城市书房，万规名人雕塑，古桥，老树，地主老宅等，一个农业村庄翻天覆地的变化，是一群有思想，有贡献，有行动的组织，共同创造出来的作品。

一个贫穷原始山海古村落的蜕变

花溪村，一个隐藏在台州坞根镇的古村落。初见花溪，它三面环山一面靠水，静谧而美丽，在自然景观优渥的同时也面临着乡村发展的巨大挑战。

在这个古村落，很多的乡贤、乡创者带着对乡村的热爱和希冀，投身于花溪村的振兴事业。花溪村也在每一个人的付出与努力下，逐渐向大众展现出它的独特魅力。

依当地的居民，讲述村庄的故事。这里曾是红十三军的革命根据地，英雄的足迹在这里留下了深深的印记。这里的村民热情好客，招待周到，地道的农家菜，自家养的土鸡、滩涂抓的螃蟹，还有那碗红糖水，每一口都充满家乡的味道。

红糖厂是花溪村的一大特色。红糖厂的老板，坚守着古法工艺制作红糖，但面对市场的冲击，苦于没有好的销路。来到这里的青年看到这样的状况，共同为红糖厂的发展出谋划策，大家通过打造红糖厂的品牌故事与抖音电商的方式推广等各种各样的方式解决乡村农产品的滞销问题。

在花溪村还拥有着丰富的红色资源，大家集思广益，提出挖掘红色文化、开发红色旅游、打造小镇模式、完善民俗配套等建议。这些建议为花溪村的未来发展指明了方向。

为了提升花溪村的知名度和影响力，各类文化节接踵而来。

花溪村活动现场

时光邮局、婚俗体验馆、山野营地、青恋基地和喜雨花房民宿等项目的建设，吸引了越来越多的年轻人前来打卡。这些年轻人的参与和关注为花溪村注入了新的活力。

游客日渐增加的需求和期望，让创客们励志带动村民一起创造更多有趣的内容。传承人、传习人的文化模式，让村民成为老师，为前来的游客和孩童传授他们的手艺和技能。孩子们在夏令营活动中玩得开心，与营地教育的老师们也建立了深厚的情感联系。

亲子营和春秋游等活动的开展，使更多家庭和孩子能够亲近自然和传统文化。孩子们在关卡挑战中拉近了与父母的距离，也深刻感受到了团队合作和亲情的力量。新疆的学生们能歌善舞，给所有人留下了深刻的印象。

花溪村用五年的时间从一个默默无闻的古村落蜕变成了如今备受瞩目的网红度假村。每一个人用青春为乡村铺路，带来了全新的业态与最新的时代工具，营地教育、直播电商、IP 孵化、网红打卡等每一个新鲜血液都让花溪村成长得更加独特。

好的思路决定了一个村庄的出路；当贫穷原始的花溪村自然优势被放大，它贫穷背后珍藏的巨大财富也将迸发出来。

走近作者

我的事业叫“影响”

影响生态农业、影响生命……

探索者

一直在做事

唐红芳：我的事业叫“影响”

【导读】

这是《新晋商》于2010年对唐红芳做的人物专访。当时的唐红芳在山西媒体界，已有一席之地，却毅然选择转型农业。在这篇专访中，唐红芳谈到了对于农业的一些超前理解，以及对推进农业产业进步的思考。

10多年后，再看这篇文章，唐红芳提出的一些思路，已成为国家对于农业改革的重点方向。

请看人物专访《我的事业叫“影响”》！

唐红芳

我想做的三件事

《新晋商》：唐秘书长，您好，对于现代农业和现代农业发展的契机，您怎样理解？

唐红芳：先说第一个问题，我认为现代农业就是杂交产业，它可以和旅游、金融等多种产业结合，又派生出许多模式。有一种说法比较有意思，现代农业是一个接二（工业）连三（服务业）的六产农业。

接着说第二个问题，现代农业的发展契机因为不成熟，所以充满了机会和张力。就像房地产刚起步的时候，很多人淘到了第一桶金，现在房地产已经到了变革期。而新农村的变革蕴含的潜力和契机是巨大的，吸引我去关注并投入。现代农业的产业化、规模化和创意化，衍生出很多有市场前景的分支产业，如科技农业、旅游农业等。新农村的土地改革预计将成为具有爆发力的资源市场。农村金融创新，会带来充满活力的资本市场。

这其中有太多的机会与机遇在城乡产业一体化的融合中产生。(唐红芳的手指在记者的采访本上重重敲击，她不断重复：机会太多了！)

唐红芳：我现在最想做三件事情：

第一件是整合农村资源，在“人”上面做文章，农村的农业，农民自己经营。新农村促进会办的新农村干部讲习班，解决的就是“人”的问题，培训基层农民和村干部，引导他们吸收新理念和新信息，正如“三农”专家温铁军所言：农村需要培养自己的精英，新农村建设必须由农村精英带领并实施一系列举措。

第二件是影响更多的城市企业家和人才到农村去，让城市的资源流向农村。现在我们把三晋国际饭店作为合作基地，其原材料是由我们联系的农村直接供应的原生态产品。在三晋国际饭店，可吃到一系列无农药、化肥、激素的原产地美食，如晋祠大米、永济芦笋等。

第三件事情是吸收更多的青年人才投身在农村、创业在农村，仅有大学生村干部是不够的。现在大学生就业难，难在如何寻找大的市场趋势、新的发展空间，协会要影响更多的年轻人来参与。所以我的事业叫“影响”，我这儿有一篇日记，你可以看看。

唐红芳日记：真实的心灵需求和别人无关，所以未必要示人，只不过推动事情需要太多人共鸣甚至同行，固然心灵可忍受孤独，做事却会因孤独而艰难。于是，“影响”成为事业。

（当时唐红芳任职山西省新农村建设促进会执行秘书长、山西省联众爱浓农业公司总经理。）

把脉新农村

《新晋商》：那您认为发展现代农业的症结和瓶颈在哪里？

唐红芳：我认为制约农村发展的因素是：资本的净流出、人才的净流出、信息的难流入、合作的难流入。农村发展观念的落后，体现在多个方面：很多村干部不知道本村的发展方向，怎样带领一方村民致富；村干部的视野不够开阔，对新理念、新模式、新信息不熟悉，很多优质资源村的发展相对滞后；农村外部合作体系的缺失比较严重，内部的现代农业建设、现代营销理念较薄弱，农民合作社的专业化运营不够，土地内部流转与规模化经营欠缺；特别是聚集在农村的大量优质农产品因为缺乏营销力而滞销等，造成现状的原因是农村的信息流不够、理念落后。

至于人才的流失，农村的新一代通过教育体系最后输出到了城市，服务于城市；很多农民工进城务工，成为技术工人、产业工人，服务的也是城市。最终要归结为城乡产业一体化的构建不够成熟，项目引进、资金引入、观念引导、信息交流、环境建设、人口素质的薄弱，致使农村缺乏发展的亮点、财富的亮点、吸引的亮点。

提及农村的金融机制，我在忻州得知，忻州市作为农业大市，2008 年农民存款突破 700 亿元，其中有近 500 亿元通过银行流向了城市。如果这 500 亿元都能用于忻州的新农村建设，那么忻州农民的生活会有质的改变。

对于农村，留住资金比吸引资金更重要，招商引“智”比招商引“资”更重要，还需要更多的金融机构、投资者和企业投身新农村建设。

一根扁担的作用

《新晋商》：那您认为新农村建设促进会能起到什么作用？

唐红芳：现代农业需要一个大中介组织的出现，连接城市和农村。新农村建设促进会就是中介组织，像一根扁担一样挑两头。一头是农民，一头是市民；一头是农村，一头是城市。城乡产业一体化是城乡一体化的骨骼，而农村与城市的大市场对接的能力偏弱，因而全面地促进城乡信息流、产品流、资本流、人才流、项目流，是我们协会矢志不渝的宗旨。

概括地说，构建城乡联合体是协会工作的主要脉络，主要致力于农业的前产业与后产业体系的构键。前产业合作体系包括：融合专家团队、科技团队，以培训、考察、规划为平台提供各类信息服务，整合城市企业、金融机构进行农村民营金融的新模式探索，以活动的方式进行农村的项目、资源、劳务、资金与城市的对接；后产业合作体系包括：构建生态联盟，联合超市、物业、旅游点、社区、餐饮业、电子商务、农产集散中心和礼品市场进行绿色农产品的营销通路建设。

唐红芳的新算法

《新晋商》：那您认为发展现代农业有捷径可走吗？

唐红芳：先说一个数学概念，大家都做农村的事，是重复，属于加法；同样的数字相加，属于乘法；我们将资本、资源、智本进行全面的整合与融合，再融入更多的城乡精英，就有了平方，这样的三角构造，最后导致的是物理效应，是使新农村建设由量变到质变。这就是发展现代农业最有效的捷径：让人组合叠加，让产业组合，最后实现质的飞跃。

唐红芳：最重要的还是影响人，“智同”才可“志同”。

承担中的担当

《新晋商》：是什么因素促使您转型到农业领域？

唐红芳：当我在城市找到自己的位置后，开始思索我能为农村做点什么。农村需要了解城市的人去做农村的事，像我这样具有“两栖性”的人可以去做农村人做不了的事情。这里面有沉甸甸的责任，我称之为责任的爱。

钱是有意义的，财富是有使命的。生活在城市的我在农村找到了乐趣，事业已经超越了谋生阶段。我呼吁更多的企业家回归农村，这样他的财富才会有意义。优秀的企业家是伴随社会需求而存在的。

记者印象：

山西大学生物系毕业的唐红芳进入了《山西青年报》这样一个纯文化单位，但这期间培养了她善于洞察世事的能力；不安分的记者摇身变为一家药企的全国营销总经理，之后返身进入电视台开始她的创意狂想；在进入一家新都市纸媒后，成为山西媒体第一梯队，但直至当社长也难以让她挥洒到尽性而为。

与姐妹们相处时最具活力与创意思想的唐红芳往往成为大家的焦点与圈子里的黏合剂。有思想的人才会互相吸引，她信奉你思想的吸引力才会决定你物理上的重量级。推动组织创造山西新农村建设促进会，进入农村，她找到了思想可以放置并生根发芽的土壤。她坚信，人有多大思想，地才有多大产量。她在“影响”着农村，我们期待。

(徐翠兰)

探索者：唐红芳

> 天之生人也，与草木无异。若遗留一二有用事业，与草木同生，即不与草木同腐。

向探索者致敬

地理农产的运城实验和运城模式；晋城农旅一体的产业革新；马铃薯产业链合作创新暨新型农业社会化综合服务体系的朔州模式；产销一体化安全农产流通模式创新；农业安全播种生产方式的特色机械推广……时隔两年，再与唐红芳交流农业，愈发感觉她更像是一个理论实践者。当她如数家珍般罗列她那些承载并解读其模式的城市实体店、农村种植基地，甚至在村里盖的农家乐房子，从城市到乡村，从商业到工厂，她做的农业似农非农，她推崇并身体力行的行业显得凌乱又有关联。相比于更多企业家的资产与财富，她更富裕的是层出不穷的产业思想；相比于更多商人关注利益，她更痴迷的是产业思想的影响力。做企业更像是播种思想，用商人或生意人的标准去考量她，似乎很难界定她的身份。谈及此，她说自己更像是一个探索者，内心最强烈的驱动力

2019 年北京新闻发布会上，唐红芳发言

其实是将认为先进的产业思想呈现出来，所以就成了一个孜孜不倦的试验师，新模式的实践者。

地理农产的地域实验和地域模式

2010 年冬天，唐红芳为运城市政府量身打造的运城地理农产展厅亮相省城太原。同年 9 月 17 日，运城地理农产展厅开到了北京城。运城市因此成为全国首家依托地理资源建立的一村一品一县一业安全健康农产的专门窗口，几百种运城农产品不再“养在深闺无人识”，而是以新鲜的口感，优良的品质正式进入了公众的视线。运城市临猗县的一个小厂生产的苹果脆产品，通过在北京联合展厅的展出，吸引了昆明上海的旅游休闲食品客商，当场签约当月现金供货，一举打入了昆明上海旅游市场并成为航空专用休闲食品。

也正是这样一场非农模式试验，衍生出本文开头的一系列产业创新模式，譬如朔州市的马铃薯产业实验，始于 2009 年的一场脱毒种薯科技种植试验，而今已成为由政府主导发起的从育种到生物肥料科技再到现代机械装备，从种植到仓储到消费的产业革命。

2011 年在太原举办的农博会上，朔州马铃薯一亮相即引发了广泛的关注，现场制作马铃薯饮品，首次提出马铃薯作为粮、果、蔬、饮的四大消费定位，“好喝的土豆”迅速成为新闻媒体捕捉的亮点。而马铃薯产业的巨大潜力也因此引起了资本市场的关注。

农业之困在流通，农业之危在安全，农业之急在人力与人才。这是唐红芳对农业发展的切实感受。

为了从源头上改进产品的本质，解决当今人们谈之色变的食物危机，唐红芳还联合山西大学生物技术研究所，在朔州建设加工化肥的工厂，与科研结合，从源头上改良土壤，进而改变产品，她不放过农业这个全产业链的上游下游。

农旅一体产业融合发展创新模式

如果说对地域农产品的界定和创新仅是唐红芳工作的一部分，那么她对山西农业发展的创新性想法和身体力行才是真正蕴藏含金量之处。像唐红芳创新的提法——“农旅一体”，不是“农业+旅游业”的产业概念，而是给予营销思想所形成的一种新的农产品流通模式。“农旅一体”与“公司+农户”和规模化经营的不同之处在于，后两者在处理农产品流通中的“小生产”和“大市场”的矛盾时，都选择了做“大市场”一方。而前者则是反其道行之，保持农业精耕细作的生产原貌，从市场终端一方入手，让消费者主动接近生产者，拉近生产者与消费者的距离。这种模式不仅使农业发展，更重要的是农民可以以老板的身份直接受益，而且通过发展旅游业改善了农村的面貌，加快了新农村的建设步伐。

“农旅一体”，就是这种品牌营销思路下的产物。它以农家旅游将城市居民吸引到农村，让他们在享受生态绿色美景的同时，通过体验等方式切身感受到绿色农产品的价值所在，催生其品牌意识，进而产生需求动机。在形成订单之后，农产品再通过销售平台和物流配送中心抵达每个社区和家庭，实现产消直通、城乡联动。

有了唐红芳和她身边一批致力于农业事业的优秀团体的努力，山西的农产品，对农业发展模式的新探索也渐渐被学界认同。

“喝皇城相府的蜂蜜酒，就能获赠国家4A级景区皇城相府的旅游门票；若是喜欢上太行山顶所生产的山珍野味，就可以去那充满神秘的双胞胎村去领略一番风土人情。”“吃美味，看美景”

的新体验，这些国内主流媒体对唐红芳提出的“农旅一体”创意农业的宣传报道，让她坚持探索农业新模式的想法更加坚定。“我这个人天生喜欢探索，大家都说农业是第一产业，是中国的立命之本，为什么社会精英、知识青年不愿去做？2005 年做媒体之后自己的事业要转型时，就选准了农业。大家都抢着去做的事，我却不喜欢。”

影响与行动

7 月的江苏海门之行，唐红芳到了清末状元、中国近代实业家张謇的家乡。百余年前张謇作为中国棉纺织领域早期的开拓者，创办了中国第一所纺织专业学校，首次建立棉纺织原料供应基地，进行棉花改良和推广种植的工作；以家乡为基地，努力进行发展近代纺织工业的实践。如今的海门，受益于张謇的产业链思想，仅家纺一个产业集群，年营业额就有 400 亿元。备感震撼的唐红芳，同时坚定的还有自己的农业产业链思想，从城市到农村的反向推进的产业链思想。

提及山西首届世界晋商大会，她亦有自己的独到见解：招商先招智，有了产业思想的输出，才会有签约项目的真正落地生根。而地方的招商引资若以产业链产业集群思想去支撑项目，对资本和人才就会更有吸附力。

把自己的想法分享于人，让更多人了解农业，让更多的行业与农业融合，不止于生意的唐红芳坚守着自己内心的梦想，并不畏误解。她更偏执于对自己思索与实践的传播与行动。

传播农业发展的新模式和新思想，为农业的创意与想法身体力行，为农业投入良多的唐红芳，颇觉自己有一丝悲壮，也许海门市常乐镇张謇纪念馆的照壁上写着的实业家张謇的一句话可以诠释唐红芳探索农业的全部：天之生人也，与草木无异。若遗留一二有用事业，与草木同生，即不与草木同腐。

谁让她是一个执著的梦想者呢?

（徐翠兰）

生态农业的红芳视角：生态农业可能成为改善中国食品安全的新途径

当农业生产变成急功近利的流水线，当那些外表光鲜诱人的催熟农产品放在我们的面前，买还是不买，吃还是不吃，真的是一个问题。

破解食品安全的路径在哪里？产消直通：田间一环到餐桌。

“我们的实践是：让消费者见证生产过程，让市民在休闲中回归自然；农村人与城里人结对子，一村连接一社区；生产基地与餐饮业直接对接；安全农产提早定；网民点击就配送……”在近日召开的中国安全农产流通模式创新论坛上，一位参会代表的发言引起与会人员的关注。

这位发言者是山西省新农村建设促进会秘书长唐红芳，该协会是最早进行安全农产流通创新的实践机构。

在会上，她讲述了一件亲身经历的事情：

三年前，在农民地头，我看到给黄瓜和长豆角喷药、刷农药的农民。当时，我们正帮助推广一种纯生物中药喷剂，免费发给农民，用这种中药喷剂生产的农产品残留少，口感好，但由于和农民收益并无关，上农药和上中药黄瓜豆角一样地头坐等的命运，价格完全是菜经纪说了算。所以后来不免费了，农民也就不用了。效果很好，结果归零。

生态农业可能成为改善中国食品安全新途径(图)

半月谈
2011.05.25 16:51
+关注

当农业生产变成急功近利的流水线，当那些外表光鲜诱人的催熟农产品放在我们的面前，买还是不买，吃还是不吃，真的是一个问题。

破解食品安全的路径在哪里?

路径探索——产消直通：田间一环到餐桌

“我们的实践是：让消费者见证生产过程，让市民在休闲中回归自然；农村人与城里人结对子，一村连接一社区；生产基地与餐饮业直接对接；安全农产提早定；网民点击就配送……”在近日召开的中国安全农产流通模式创新论坛上，一位参会代表的发言引起与会人员的关注。

这位发言者是山西省新农村建设促进会秘书长唐红芳，该协会是最早进行安全农产流通创新的实践机构。

《半月谈》

这件事情给我三个启示：启示一，农民并不愿生产不安全食品，但生计所迫，已形成种植习惯。启示二，安全农产无人知，仅有生产者知道等于不知。消费者认可的优质优价才是安全农产存在的必要条件。启示三，必须建立消费者认可的安全农产专销系统。

如何既实现农民致富又保障农产安全，唐红芳一直在思索和实践，建立“产消直通”（农产品直通消费者）的农产品流动模式的理念逐渐形成。

基于此，该协会开展了农旅对接（农产品和旅游）、农餐对接（农产品与餐饮业）、农社对接（农产品与社区）和农网对接（农产品与网民），大大缩短了流通环节，形成农产品从“农民到市民”只经一手、从“田间到餐桌”只经一环的农产直销平台。

为保障农产品安全及高质量，协会在山西建立了绿色马铃薯基地、太行山绿色小米基地、运城乌麦绿色基地等以生物绿色肥为支撑的产地提质工程。

用才情做事的小唐

我和唐红芳相识，大体是在我的“三农”职业谢幕前后。将近 20 年时间，我们相识、相处、相交，谈得来、谈得拢、谈得深，同志、同道、同心……我大她一辈人。可以说是忘年交！

初识时，她从事策划，这是个要有知识、有胆识、有思路的职业，她搞得风生水起，卓有建树。

我退休后，不愿在闹市生活，回归故乡田园休闲，顺应时势，与年轻人共同开发农旅产业，此时，小唐又扛起建设新农村促进会的大旗，又聘我为顾问，想让我帮她。但在实践中，无论是策划上还是在物质上，都是她帮了我，因为她的理念新、知识新，思想超前！特别是她热爱农村、重视农业、尊重农民的固有情结深深感染和激励着我！

近年来，她又在振兴乡村的大潮中，学习和借鉴浙江经验，在爱人李建树的大力支持下，带领子女创业，办起了思路超前、模式超前、运行超前的乡村新公共空间、新生代社群组织、乡村新服务体系……

这次，她把多年实践在乡村空间里思考，并与时代的新工具合创作品《乡村撞见 ChatGPT》，奉献给同道和广大读者，我是外行，只能是学习，而不敢妄评，在该书出版发行之际，只能就与小唐结识的历程，挂一漏万地写上几句话，权且作为恭贺！我对她的总体印象：是一位凭才能和情感做事的不可多得的才女！

（山西省原农业厅厅长杨文宪）

附：

善良的问题

(李卓阳)

这个问题我思考了很久
最后还是觉得
下辈子
我还是不想当人

可以挑选的话
最好
是一只老鹰
可以飞得那么高

最好
是一头长须鲸
可以长得那么大

最好

是一棵千年老树
可以一辈子都不说话

最好
是一颗流星
一下子　就消失了

那个时候我
不关心天空
不关心海洋
不关心山林湖泊
不关心宇宙的一切
更不会关心
这世界上的所有人

唉　可惜　这辈子是人
只能善良

我们终将牵手走向和合

(后记)

亲爱的读者们，当我开始这段旅程，撞见 ChatGPT，是在一个寂静的乡村小院中。我与农民伙伴们一起耕种，他们时常馈赠我采的果蔬，让我享受“智者顺时而食”的高品质生活，同时也在季节变换中体会自然之曼妙，以及作为农耕文明最后的农民的朴实勤劳。而 ChatGPT 则以其深厚的知识和智慧为我提供了无限的启发和创作灵感。

这本书《乡村撞见 ChatGPT》是合创的结晶。它记录了我在乡村中与 ChatGPT 相遇的故事，也是对传统与现代结合的探索。通过 ChatGPT 的协助，我得以学习到更多的知识，拥有了更广阔的视野，同时也能将这些知识融入乡村生活中去。

在与 ChatGPT 的交流中，我感受到了技术与人文的完美结合。ChatGPT 帮助我解答了许多问题，启迪了我的思考，并且给予了我强大的创作力量。它就像一位聪明的朋友，不仅能够提供信息，还能陪伴我度过寂寞的时光。

正是与 ChatGPT 的碰撞，让我认识到了科技和传统之间的奇妙共生。我们在东贾村的相处是友好而和谐的，正如农民伙伴们一样，ChatGPT 也融入了乡村生活的节奏，并为我带来了新的思考角度。

李卓月基于在山西、浙江的乡野实践，执笔撰写了《探索编》的大量文章，从青年的视角解读小院实践。

总之，这本书的完成离不开许多人的支持和帮助，首先要感谢小森农院的农民伙伴们，他们的勤劳与朴实为我提供了灵感的源泉，还要感谢所有到达小院热爱乡村的人，因为对乡村新生活共同志趣的连接与探索，我们让生活有了更多色彩，人生有了更多趣味，未来也变得更加可喜可盼。同时，我也要感谢 OpenAI 团队，他们研发出了如此出色的语言模型，为我提供了无尽的创作动力。

最后，感谢所有阅读这本书的朋友们，是你们的陪伴才使这本书得以问世。希望在你们的阅读中，你们能够感受到乡村与现代的碰撞所带来的温暖与希望。

让我们继续牵手走向和合，让传统与现代在交融中绽放光彩！

衷心祝福！

致敬致谢

明者远见于未萌。

非常敬仰胡向泽先生作为老报人对书稿价值的发现，将老编李慧平带到创作地小森农院，筹划出书由此开始；

特别惊奇孙聿良前辈，作为一个资深爱书人，初见书稿爱不释手，一气读完并极尽褒扬，为我的信心作了加持；

十分感谢在出版动意产生时慷慨出资订购的郭志伟、王晓东、梁晓辉、王宁、晋彭辉等兄弟、挚友，还有早早下单、漫长等待的所有亲友、知音；

相当感慨在书中留下文字和名字的所有至亲好友，知己伙伴，我们以这样独特的方式相聚一书，是怎样的缘分与长情?!

感恩所有所有，太多缘分与情义的同频共振成全了这饱含泥土气息的文字，就让探索的力量去包容书的不完美吧。